Venez découvrir les déserts de l'Afrique du Nord jusqu'au site extraordinaire et magique de Gizeh. Depuis longtemps, les gens s'y rendent à la recherche de trésors cachés. Cet endroit recèle encore bien des mystères.

C'est un voyage dans l'espace et dans le temps. Nous remontons quatre mille cinq cents ans en arrière jusqu'à l'une des plus vieilles civilisations, celle de l'Égypte ancienne gouvernée par les pharaons, rois divinisés après leur mort.

Il a fallu plus de vingt ans pour bâtir la Grande Pyramide de Gizeh. Des milliers d'ouvriers égyptiens travaillèrent à la construction de ce monument destiné à leur souverain, le grand pharaon Chéops. Voici comment et pourquoi elle fut édifiée.

Gizeh offre un panorama extraordinaire avec de vastes édifices de pierre aux faces triangulaires et à la base carrée. Ce sont les pyramides. À Gizeh, la plus grande et la plus ancienne est la Grande Pyramide.

ERPi EXPLORATIONS
PYRAMIDE

par
PETER CHRISP

LES PREMIÈRES DESCRIPTIONS

LES PYRAMIDES DANS L'HISTOIRE

Depuis plus de quatre mille cinq cents ans, trois grandes pyramides se dressent dans le désert à Gizeh, en Égypte. Elles furent bâties par les rois égyptiens – les pharaons régnaient sur la Haute-Égypte (Sud) et la Basse-Égypte (Nord).

Énigme dans le désert

Les pharaons qui firent élever ces énormes monuments de pierre ne laissèrent aucun écrit expliquant comment et pourquoi ils les avaient fait réaliser. Au fil du temps, des générations de visiteurs et de scientifiques ont émis des hypothèses. Les archéologues ont résolu certains des mystères soulevés par les pyramides, mais il en reste encore beaucoup.

Premiers récits

La plus ancienne description des pyramides fut écrite par un voyageur grec, Hérodote *(portrait ci-dessus)*. Il visita l'Égypte au milieu du ve siècle av. J.-C., plus de deux mille ans après la construction des pyramides. Les prêtres égyptiens lui expliquèrent que les pyramides étaient les tombeaux des rois et lui relatèrent des légendes qui s'étaient développées au fil du temps. Ainsi, on racontait que la plus grande des pyramides avait été bâtie par un tyran cruel qui avait réduit son peuple en esclavage. Le nom de ce tyran était Chéops – son nom égyptien était Khoufou. C'est pourquoi Hérodote écrivit que «Chéops se laissa aller à toutes sortes de cruautés».

Attraction touristique

Les pyramides furent célèbres dès le iie siècle av. J.-C. Les Grecs les plaçaient en tête des Sept Merveilles

> « Des montagnes ont été bâties sur des montagnes. La taille de la maçonnerie est difficile à saisir pour le cerveau humain. »
>
> *Philon de Byzance,*
> Sur les Sept Merveilles du monde,
> *vers 200 av. J.-C.*

du monde définies par Philon de Byzance, un Grec vivant vers 200 av. J.-C. qui écrivit à leur propos : «Chacun est ébloui par la force considérable nécessaire pour édifier une telle masse [de pierre]… Le travail de polissage est si parfait qu'on pourrait la croire formée d'une pierre unique.»

Visiteurs romains

En 30 av. J.-C., l'Égypte fut conquise par les Romains qui vinrent nombreux découvrir les pyramides. Ils furent émerveillés par l'habileté technique dont témoignent ces monuments, mais ne comprenaient pas leur usage. Vers 70 apr. J.-C., Pline l'Ancien, historien romain, exprima ainsi son opinion : «Les pyramides […] ne sont que la manifestation absurde et inutile de la richesse royale. […] Ces hommes firent preuve d'une grande arrogance dans une telle entreprise.»

Comme par magie

Aux Romains succédèrent les Arabes qui conquirent l'Égypte en 642 apr. J.-C. Ces derniers furent si impressionnés qu'ils pensèrent que les pyramides avaient poussé par magie. Vers 940 apr. J.-C., l'écrivain arabe Masudi crut bon d'expliquer : «Des caractères furent inscrits sur des feuilles de papyrus ou de papier placées sous les blocs préparés dans les carrières. En étant frappés, ces blocs se déplaçaient à de grandes distances, comme des flèches, et ainsi s'élevèrent les pyramides.»

Nouvelle théorie

Au Moyen Âge, de nombreux Européens, qui n'arrivaient pas à croire que les pyramides étaient des tombeaux cherchèrent une

Beaucoup de gens pensent encore que les pyramides furent bâties par des esclaves, comme en témoigne cette illustration des années 1920.

Flavius Josèphe, historien juif, affirma au i^{er} *siècle apr. J.-C. que les pyramides avaient été élevées par des esclaves juifs.*

explication dans la Bible. Ils trouvèrent la réponse dans l'histoire des greniers à blé élevés pour un pharaon par Joseph, son ministre.

Guides

À partir du XVIᵉ siècle, des voyageurs européens visitèrent l'Égypte, publiant des descriptions et des illustrations des pyramides, les premiers guides touristiques. Avant l'invention des appareils photos, les artistes s'appuyaient sur leur mémoire pour leurs dessins. Les représentations sont donc souvent inexactes et ne présentent que peu de points communs avec les véritables pyramides – ainsi, les pans sont parfois présentés à des angles beaucoup trop raides.

> « Certains disent qu'il s'agit des tombes de grands hommes du passé… [Mais] elles sont vides à l'intérieur et des tombes ne devraient pas être si hautes. »
>
> Les Voyages de sir John Mandeville, *1356*

Recherche détaillée

En 1646, le mathématicien anglais John Greaves publia *Pyramidographia*. Greaves s'était rendu spécialement en Égypte pour mesurer les pyramides. Il pénétra dans la Grande Pyramide où il fut accueilli par une armée de chauves-souris « si horribles et si grandes qu'elles devaient dépasser un pied [30 cm] de longueur ». Malgré celles-ci, il mesura correctement plusieurs couloirs intérieurs et en conclut, avec raison, qu'il s'agissait bien d'une tombe royale.

En revanche, il se trompa dans la mesure de la base de la pyramide à cause des débris accumulés autour. Néanmoins, son ouvrage exerça une forte influence et suscita un intérêt nouveau pour les pyramides et l'Égypte ancienne. L'étude scientifique des pyramides avait commencé.

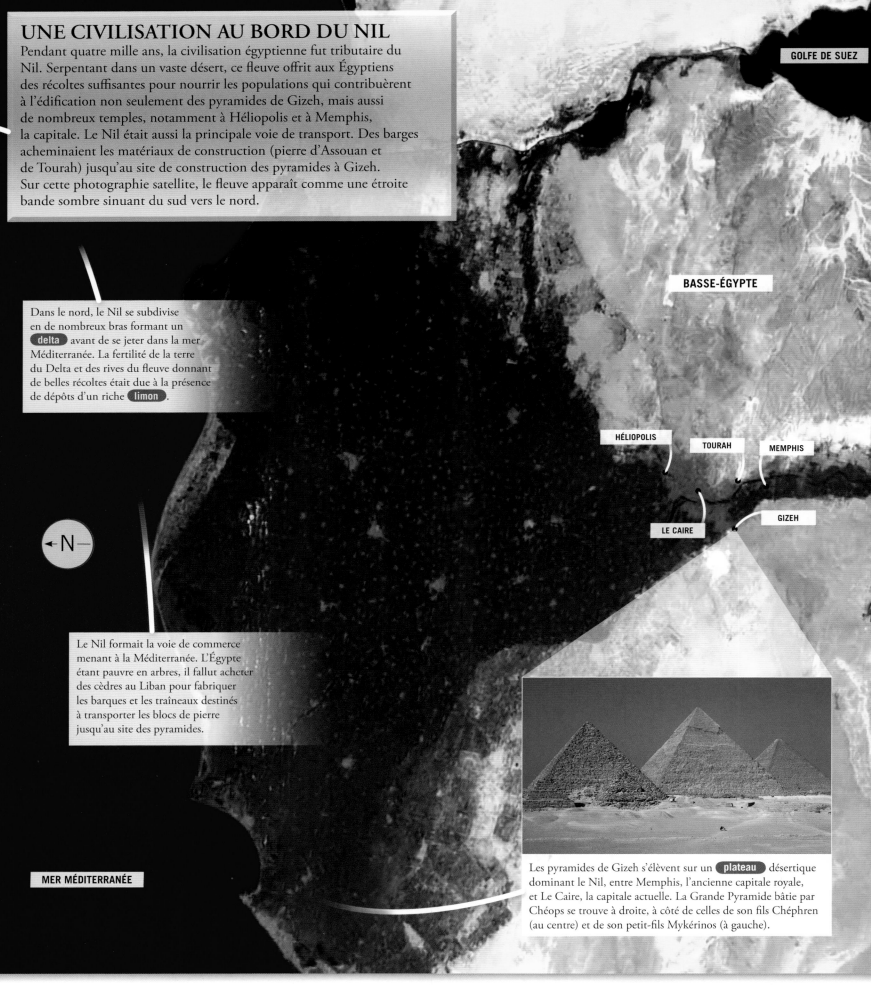

UNE CIVILISATION AU BORD DU NIL

Pendant quatre mille ans, la civilisation égyptienne fut tributaire du Nil. Serpentant dans un vaste désert, ce fleuve offrit aux Égyptiens des récoltes suffisantes pour nourrir les populations qui contribuèrent à l'édification non seulement des pyramides de Gizeh, mais aussi de nombreux temples, notamment à Héliopolis et à Memphis, la capitale. Le Nil était aussi la principale voie de transport. Des barges acheminaient les matériaux de construction (pierre d'Assouan et de Tourah) jusqu'au site de construction des pyramides à Gizeh. Sur cette photographie satellite, le fleuve apparaît comme une étroite bande sombre sinuant du sud vers le nord.

GOLFE DE SUEZ

BASSE-ÉGYPTE

Dans le nord, le Nil se subdivise en de nombreux bras formant un **delta** avant de se jeter dans la mer Méditerranée. La fertilité de la terre du Delta et des rives du fleuve donnant de belles récoltes était due à la présence de dépôts d'un riche **limon**.

HÉLIOPOLIS

TOURAH

MEMPHIS

LE CAIRE

GIZEH

-N-

Le Nil formait la voie de commerce menant à la Méditerranée. L'Égypte étant pauvre en arbres, il fallut acheter des cèdres au Liban pour fabriquer les barques et les traîneaux destinés à transporter les blocs de pierre jusqu'au site des pyramides.

MER MÉDITERRANÉE

Les pyramides de Gizeh s'élèvent sur un **plateau** désertique dominant le Nil, entre Memphis, l'ancienne capitale royale, et Le Caire, la capitale actuelle. La Grande Pyramide bâtie par Chéops se trouve à droite, à côté de celles de son fils Chéphren (au centre) et de son petit-fils Mykérinos (à gauche).

8 **Delta** Élargissement triangulaire d'un fleuve à son embouchure dû à l'accumulation des alluvions.

Limon Mélange de boue et de végétaux charriés par un fleuve qui est déposé sur ses rives et rend la terre fertile.

Plateau Vaste étendue de terrain, plutôt plat, qui domine les terres environnantes.

LA PREMIÈRE PLANTE DU NIL

Poussant dans le delta du Nil, le papyrus était aussi le symbole de la **Basse-Égypte**. Les Égyptiens pensaient que c'était la première plante apparue à la création du monde lorsqu'une colline était sortie des eaux. Elle symbolisait donc la vie nouvelle, et les colonnes des temples étaient souvent sculptées en forme de papyrus, en fleur ou en bouton. Cette plante servait à fabriquer des cordes, des paniers, des sandales et un équivalent du papier pour écrire, appelé aussi papyrus.

HOMMES PORTANT DES PAPYRUS, PEINTURE MURALE (THÈBES)

La région située plus au sud, la **Haute-Égypte**, possédait des carrières de granit rouge, une belle pierre dure utilisée pour fabriquer les sarcophages (tombeaux en pierre) et les statues des rois.

FAYOUM

De chaque côté du Nil s'étendent de vastes étendues désertiques qui ont protégé le pays des envahisseurs, permettant à la civilisation égyptienne de perdurer. Les **oasis** fournissaient l'eau et l'abri nécessaires sous un climat aride. Celle du Fayoum était alimentée par le Nil.

Oasis Dans un désert ou une région sèche, zone rendue fertile par un point d'eau.

Basse-Égypte Partie aval du Nil et terres environnantes s'étendant de Memphis à la mer Méditerranée.

Haute-Égypte Partie amont du Nil et terres environnantes s'étendant de Memphis jusqu'à l'actuelle Assouan (Syène dans l'Antiquité).

AVANT LES PYRAMIDES

Les pyramides se développèrent à partir de tombes appelées mastabas. Il s'agissait d'édifices bas faits de briques de boue destinés à abriter les souverains après leur mort. Vers 2660 av. J.-C., sous le règne du roi Djoser, apparut la pyramide à degrés, formée de la superposition de six mastabas de taille décroissante.

Inspiré par Djoser, le roi Snéfrou décida de faire construire une pyramide à pans lisses. Il fit trois essais avant d'être satisfait du résultat, visible ici à l'arrière-plan. Il s'agit de la pyramide Nord du roi Snéfrou à Dahshour.

La première tentative faite par le roi Snéfrou pour bâtir une pyramide à pans lisses eut lieu à Meïdoum. L'édifice fut commencé comme une pyramide à degrés qui reçut des parois lisses dans un second temps. De nos jours, cette pyramide est en ruine. Elle fut sans doute achevée mais dépouillée de ses **pierres de revêtement**, comme ce fut le cas de la majorité des pyramides.

Le roi Snéfrou fut le plus grand bâtisseur de pyramides de l'histoire. Il en fit élever trois grandes représentant un total de 3,5 millions de mètres cubes de pierre, 1 million de plus que la Grande Pyramide de Gizeh.

LA PYRAMIDE À DEGRÉS

La pyramide à degrés du roi Djoser à Saqqarah fut la première structure monumentale à être bâtie en pierre et non en brique de boue. Le roi voulait sans doute une tombe qui soit visible à des kilomètres à la ronde et qui durerait pour l'éternité. Les degrés représentaient peut-être les marches d'un escalier facilitant l'accès au ciel de l'esprit du pharaon défunt.

Pierres de revêtement Pierres recouvrant le corps de la pyramide, généralement en beau calcaire blanc.

Avant l'achèvement des travaux de la pyramide rhomboïdale, débuta l'édification de la pyramide Nord de Snéfrou, qui abrita peut-être la sépulture du roi. Celle-ci fut dotée d'une pente plus douce (43°) et de pierres disposées horizontalement. Son nom égyptien signifie « la pyramide qui brille ».

Le roi Snéfrou fit ensuite élever la pyramide rhomboïdale à Dahshour. Sa partie basse possède des parois lisses et s'élève à un angle de 54°. La raideur de la pente entraînant un poids trop lourd pour les **fondations**, on réduisit l'angle à 43° à mi-hauteur, d'où l'aspect de cette pyramide.

Une fois l'angle modifié, les bâtisseurs placèrent les pierres **horizontalement** plutôt que verticalement, donnant ainsi à l'édifice une structure plus stable. À chaque nouvelle pyramide, des améliorations furent mises au point.

UN ARCHITECTE DIVINISÉ

La pyramide à degrés fut sans doute conçue par Imhotep, le vizir (Premier ministre) et **architecte** du roi Djoser. Une statue donne la liste de ses nombreux titres dont ceux de « premier au-dessous du roi », de « grand prêtre », de « sculpteur en chef », de « charpentier en chef ». Plus tard, Imhotep devint le dieu de la Sagesse, de l'Écriture et de la Médecine. Des statuettes le représentant servaient d'offrandes dans les temples.

DÉTAIL D'UNE STATUE D'IMHOTEP

Fondations Structure – généralement en pierre ou creusée dans une roche dure – sur laquelle repose un édifice.

Horizontalement Pierres posées à plat dans le sens de la longueur parallèlement au sol.

Architecte Personne qui conçoit les édifices et supervise leur construction.

11

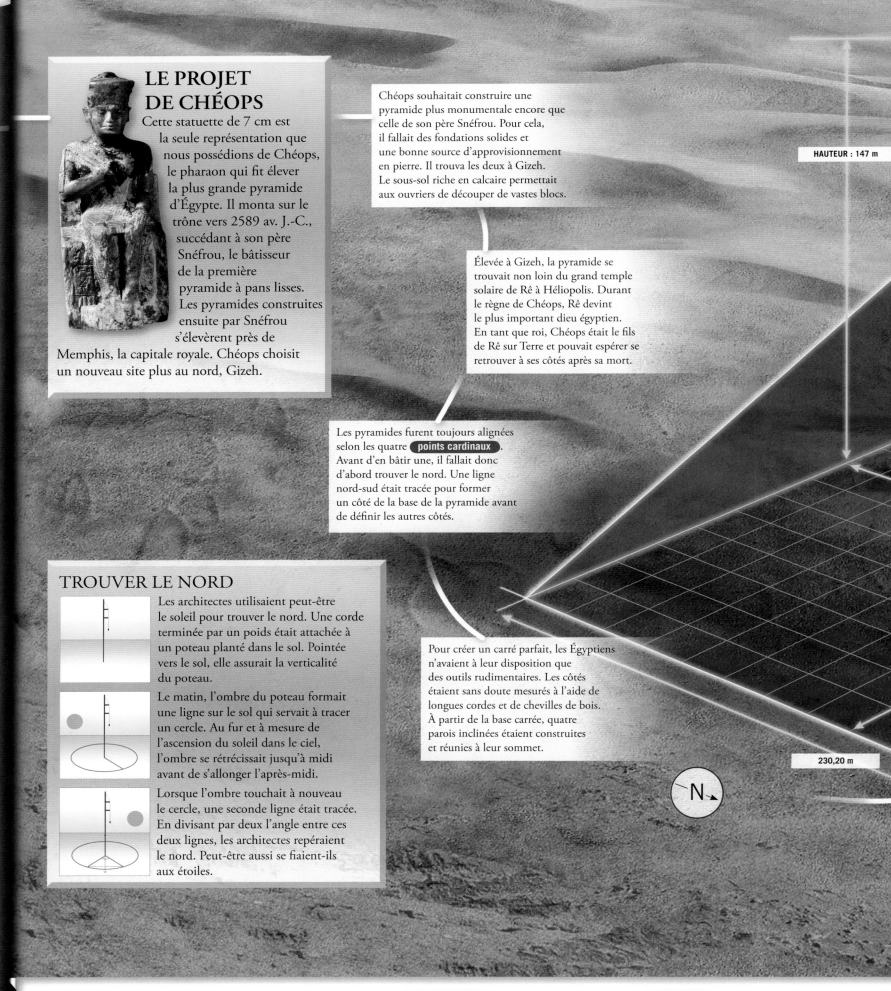

LE PROJET DE CHÉOPS

Cette statuette de 7 cm est la seule représentation que nous possédions de Chéops, le pharaon qui fit élever la plus grande pyramide d'Égypte. Il monta sur le trône vers 2589 av. J.-C., succédant à son père Snéfrou, le bâtisseur de la première pyramide à pans lisses. Les pyramides construites ensuite par Snéfrou s'élevèrent près de Memphis, la capitale royale. Chéops choisit un nouveau site plus au nord, Gizeh.

Chéops souhaitait construire une pyramide plus monumentale encore que celle de son père Snéfrou. Pour cela, il fallait des fondations solides et une bonne source d'approvisionnement en pierre. Il trouva les deux à Gizeh. Le sous-sol riche en calcaire permettait aux ouvriers de découper de vastes blocs.

HAUTEUR : 147 m

Élevée à Gizeh, la pyramide se trouvait non loin du grand temple solaire de Rê à Héliopolis. Durant le règne de Chéops, Rê devint le plus important dieu égyptien. En tant que roi, Chéops était le fils de Rê sur Terre et pouvait espérer se retrouver à ses côtés après sa mort.

Les pyramides furent toujours alignées selon les quatre **points cardinaux**. Avant d'en bâtir une, il fallait donc d'abord trouver le nord. Une ligne nord-sud était tracée pour former un côté de la base de la pyramide avant de définir les autres côtés.

TROUVER LE NORD

Les architectes utilisaient peut-être le soleil pour trouver le nord. Une corde terminée par un poids était attachée à un poteau planté dans le sol. Pointée vers le sol, elle assurait la verticalité du poteau.

Le matin, l'ombre du poteau formait une ligne sur le sol qui servait à tracer un cercle. Au fur et à mesure de l'ascension du soleil dans le ciel, l'ombre se rétrécissait jusqu'à midi avant de s'allonger l'après-midi.

Lorsque l'ombre touchait à nouveau le cercle, une seconde ligne était tracée. En divisant par deux l'angle entre ces deux lignes, les architectes repéraient le nord. Peut-être aussi se fiaient-ils aux étoiles.

Pour créer un carré parfait, les Égyptiens n'avaient à leur disposition que des outils rudimentaires. Les côtés étaient sans doute mesurés à l'aide de longues cordes et de chevilles de bois. À partir de la base carrée, quatre parois inclinées étaient construites et réunies à leur sommet.

230,20 m

N

12

Points cardinaux Ce sont les quatre directions indiquées par la boussole (nord, est, sud, ouest).

Primordiale Datant de l'origine des temps.

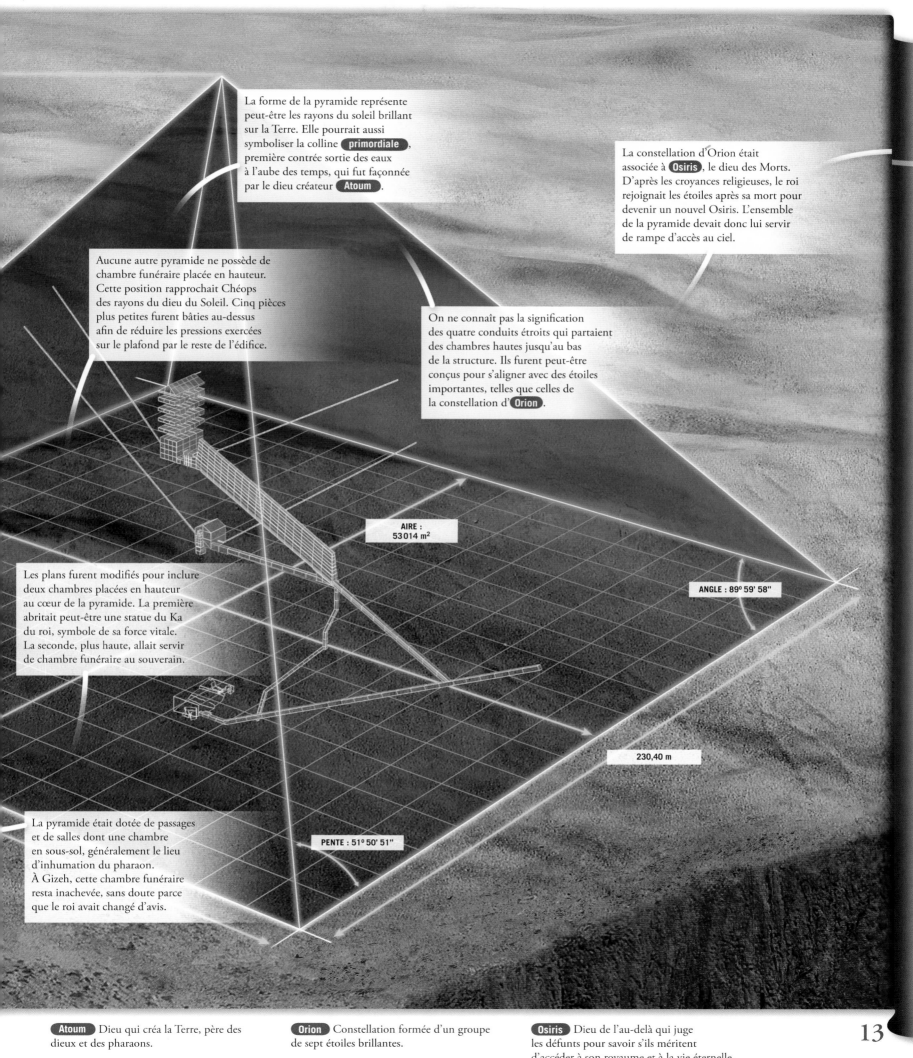

La forme de la pyramide représente peut-être les rayons du soleil brillant sur la Terre. Elle pourrait aussi symboliser la colline **primordiale**, première contrée sortie des eaux à l'aube des temps, qui fut façonnée par le dieu créateur **Atoum**.

La constellation d'Orion était associée à **Osiris**, le dieu des Morts. D'après les croyances religieuses, le roi rejoignait les étoiles après sa mort pour devenir un nouvel Osiris. L'ensemble de la pyramide devait donc lui servir de rampe d'accès au ciel.

Aucune autre pyramide ne possède de chambre funéraire placée en hauteur. Cette position rapprochait Chéops des rayons du dieu du Soleil. Cinq pièces plus petites furent bâties au-dessus afin de réduire les pressions exercées sur le plafond par le reste de l'édifice.

On ne connaît pas la signification des quatre conduits étroits qui partaient des chambres hautes jusqu'au bas de la structure. Ils furent peut-être conçus pour s'aligner avec des étoiles importantes, telles que celles de la constellation d'**Orion**.

AIRE : 53 014 m²

ANGLE : 89° 59' 58"

Les plans furent modifiés pour inclure deux chambres placées en hauteur au cœur de la pyramide. La première abritait peut-être une statue du Ka du roi, symbole de sa force vitale. La seconde, plus haute, allait servir de chambre funéraire au souverain.

230,40 m

La pyramide était dotée de passages et de salles dont une chambre en sous-sol, généralement le lieu d'inhumation du pharaon. À Gizeh, cette chambre funéraire resta inachevée, sans doute parce que le roi avait changé d'avis.

PENTE : 51° 50' 51"

Atoum Dieu qui créa la Terre, père des dieux et des pharaons.

Orion Constellation formée d'un groupe de sept étoiles brillantes.

Osiris Dieu de l'au-delà qui juge les défunts pour savoir s'ils méritent d'accéder à son royaume et à la vie éternelle.

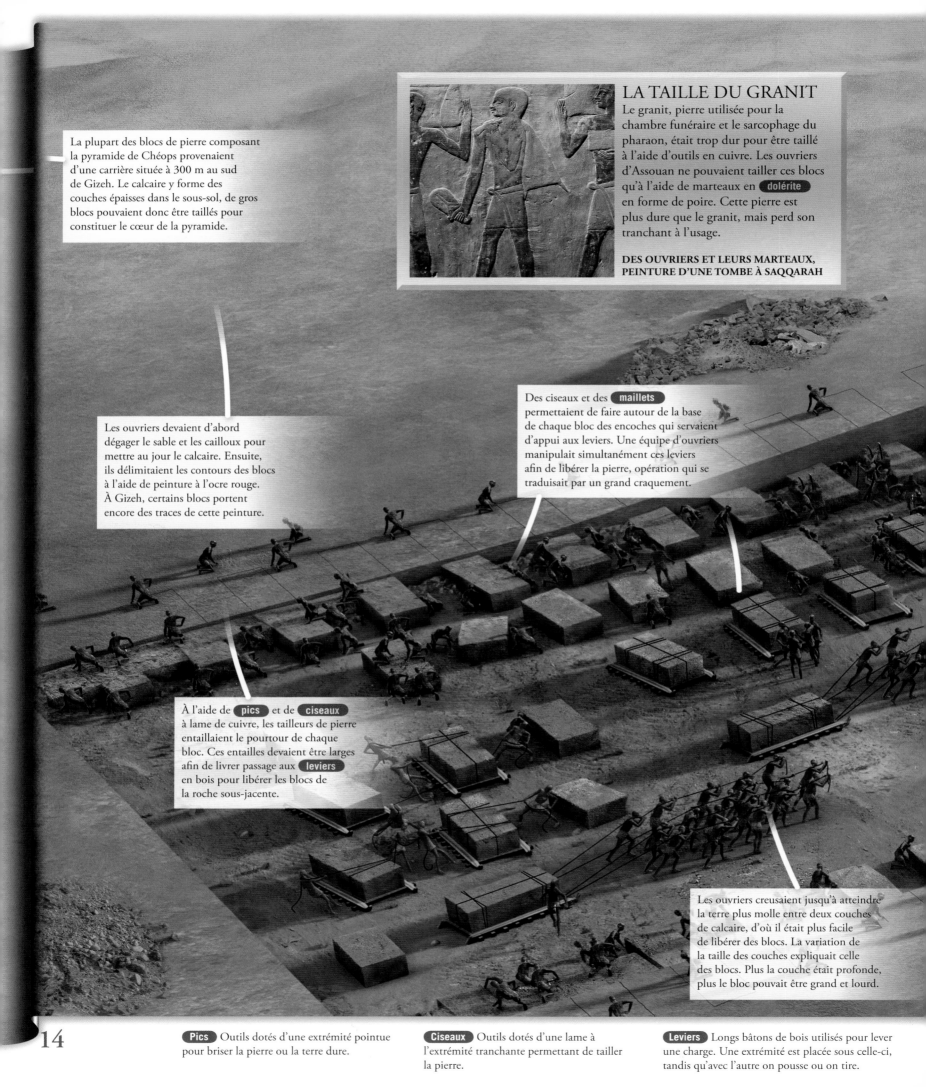

La plupart des blocs de pierre composant la pyramide de Chéops provenaient d'une carrière située à 300 m au sud de Gizeh. Le calcaire y forme des couches épaisses dans le sous-sol, de gros blocs pouvaient donc être taillés pour constituer le cœur de la pyramide.

LA TAILLE DU GRANIT

Le granit, pierre utilisée pour la chambre funéraire et le sarcophage du pharaon, était trop dur pour être taillé à l'aide d'outils en cuivre. Les ouvriers d'Assouan ne pouvaient tailler ces blocs qu'à l'aide de marteaux en **dolérite** en forme de poire. Cette pierre est plus dure que le granit, mais perd son tranchant à l'usage.

DES OUVRIERS ET LEURS MARTEAUX, PEINTURE D'UNE TOMBE À SAQQARAH

Les ouvriers devaient d'abord dégager le sable et les cailloux pour mettre au jour le calcaire. Ensuite, ils délimitaient les contours des blocs à l'aide de peinture à l'ocre rouge. À Gizeh, certains blocs portent encore des traces de cette peinture.

Des ciseaux et des **maillets** permettaient de faire autour de la base de chaque bloc des encoches qui servaient d'appui aux leviers. Une équipe d'ouvriers manipulait simultanément ces leviers afin de libérer la pierre, opération qui se traduisait par un grand craquement.

À l'aide de **pics** et de **ciseaux** à lame de cuivre, les tailleurs de pierre entaillaient le pourtour de chaque bloc. Ces entailles devaient être larges afin de livrer passage aux **leviers** en bois pour libérer les blocs de la roche sous-jacente.

Les ouvriers creusaient jusqu'à atteindre la terre plus molle entre deux couches de calcaire, d'où il était plus facile de libérer des blocs. La variation de la taille des couches expliquait celle des blocs. Plus la couche était profonde, plus le bloc pouvait être grand et lourd.

Pics Outils dotés d'une extrémité pointue pour briser la pierre ou la terre dure.

Ciseaux Outils dotés d'une lame à l'extrémité tranchante permettant de tailler la pierre.

Leviers Longs bâtons de bois utilisés pour lever une charge. Une extrémité est placée sous celle-ci, tandis qu'avec l'autre on pousse ou on tire.

UNE PIERRE QUI BRILLE

La texture grossière et la couleur terne du calcaire de Gizeh ne convenaient pas pour le `revêtement` que Chéops voulait aussi brillant que le soleil. On choisit donc un calcaire à grain fin venu de Tourah, sur la rive est du Nil. Comme cette pierre se trouvait sous des couches de calcaire grossier, il fallait creuser des tunnels pour y accéder et y tailler des blocs.

LA CARRIÈRE DE TOURAH

En 1992, l'égyptologue Mark Lehner construisit une pyramide miniature pour faire ses expérimentations. Il calcula que la construction de la pyramide, qui avait duré vingt-trois ans, avait nécessité l'embauche de 1 200 hommes pour l'extraction des pierres.

La pyramide achevée comptait plus de 2 millions de blocs. Le sol de la carrière se trouvait 30 m plus bas que la surface de départ. Près de 3 millions de mètres cubes de pierre avaient été prélevés.

Heureusement, les Égyptiens avaient une grande expérience dans le transport des blocs, acquise lors de l'édification des premières pyramides. Leurs équipes devaient être bien organisées, car il fallait maintenir un approvisionnement constant en blocs sur le site de construction.

Une fois le bloc libéré, une équipe d'ouvriers le soulevait pour le placer sur un `traîneau` en bois. Ces blocs pesaient environ 2,5 t. Il n'existait ni roues ni grues pour aider à leur transport – les cordes et les leviers étaient les seuls outils disponibles.

`Maillets` Marteaux dotés d'une tête large en pierre, en bois ou en métal, qui peuvent être utilisés pour frapper sur les ciseaux.

`Traîneau` Moyen de transport sur patins pour déplacer de lourdes charges. Les Égyptiens ne connaissaient pas la roue.

`Revêtement` Assise (rang) de pierre recouvrant la pyramide formée de blocs de calcaire à grain fin, polis pour briller à la lumière du soleil.

Ceux qui étaient chargés du transport des blocs travaillaient parallèlement aux tailleurs de pierre. Ils passaient de longues heures sous un soleil de plomb à tirer les traîneaux jusqu'au site de construction. Une équipe de vingt hommes transportait dix blocs par jour (seulement cinq lorsque la pyramide fut déjà bien avancée).

Une chaussée avait été aménagée pour supporter le flux incessant des traîneaux lourdement chargés. Des poteaux de bois étaient placés sur le sol et les interstices comblés avec du gravier et du **mortier**. Ce revêtement de sol empêchait les traîneaux de s'enliser.

Les **archéologues** ont trouvé une chaussée destinée au transport des blocs à Licht. Elle était faite de rondins de cèdre du Liban, provenant sans doute d'une ancienne **barge**. Comme l'Égypte n'avait pas de forêts, et donc de bois, il n'était pas rare de recycler ce matériau pour une autre usage.

La construction de la pyramide a nécessité le transport de 340 blocs par jour. Cette tâche était menée à bien par 1 400 hommes répartis en 70 équipes. Il devait y avoir des **contremaîtres** qui recevaient leurs ordres de fonctionnaires plus haut placés.

Les traîneaux étaient tractés à l'aide de cordes en fibres végétales (chanvre, papyrus). Les archéologues ont découvert des cordes antiques d'épaisseur variée, dont certaines assez résistantes pour tirer jusqu'à 5 t. Les fabricants de cordes participaient aussi à la construction des pyramides.

DES DOS EN MAUVAIS ÉTAT

En 1990, l'archéologue Zahi Hawass découvrit une nécropole où étaient enterrés de nombreux ouvriers ayant travaillé à Gizeh. Leurs squelettes témoignaient d'un suivi médical : les fractures notamment avaient été soignées. Cependant, la majorité avait le dos en bien mauvais état à cause de trop lourdes charges.

Mortier Mélange de matériaux, comprenant du sable et de l'eau, utilisé pour lier les pierres.

Barge Barque à fond plat utilisée essentiellement pour le transport des marchandises.

Archéologues Scientifiques spécialisés dans l'étude et l'interprétation des « restes » du passé.

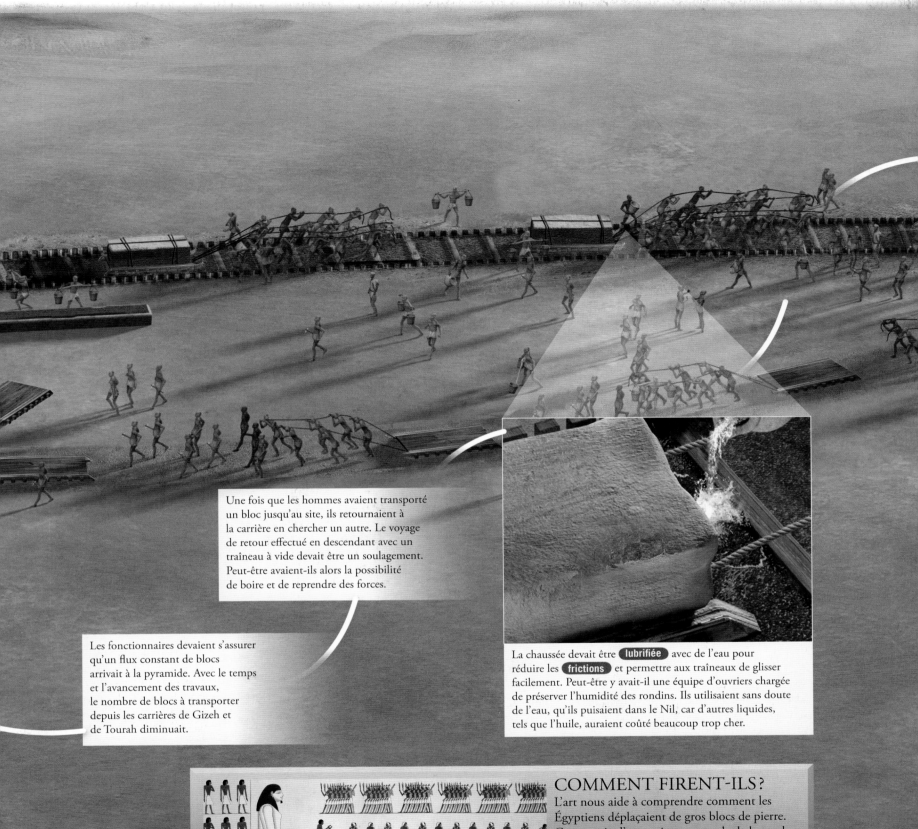

Une fois que les hommes avaient transporté un bloc jusqu'au site, ils retournaient à la carrière en chercher un autre. Le voyage de retour effectué en descendant avec un traîneau à vide devait être un soulagement. Peut-être avaient-ils alors la possibilité de boire et de reprendre des forces.

Les fonctionnaires devaient s'assurer qu'un flux constant de blocs arrivait à la pyramide. Avec le temps et l'avancement des travaux, le nombre de blocs à transporter depuis les carrières de Gizeh et de Tourah diminuait.

La chaussée devait être **lubrifiée** avec de l'eau pour réduire les **frictions** et permettre aux traîneaux de glisser facilement. Peut-être y avait-il une équipe d'ouvriers chargée de préserver l'humidité des rondins. Ils utilisaient sans doute de l'eau, qu'ils puisaient dans le Nil, car d'autres liquides, tels que l'huile, auraient coûté beaucoup trop cher.

COMMENT FIRENT-ILS ?

L'art nous aide à comprendre comment les Égyptiens déplaçaient de gros blocs de pierre. Cette copie d'une peinture murale de la tombe de Djéhoutihotep présente une énorme statue placée sur un traîneau et tirée par 172 hommes à l'aide de longues cordes. Un homme debout sur la base de la statue verse un liquide sous les patins du traîneau pour favoriser sa progression.

COPIE DESSINÉE PAR FRÉDÉRIC CAILLAUD VERS 1820 À EL-BERCHEH.

Contremaîtres Personnes responsables de l'organisation des ouvriers. Il y avait sans doute un contremaître pour chaque équipe de 20 hommes.

Lubrifié Recouvert d'eau ou d'une autre substance pour rendre la surface lisse et glissante.

Frictions Frottements d'un objet contre un autre. Plus forte est la friction, plus important est l'effort à fournir pour déplacer une charge.

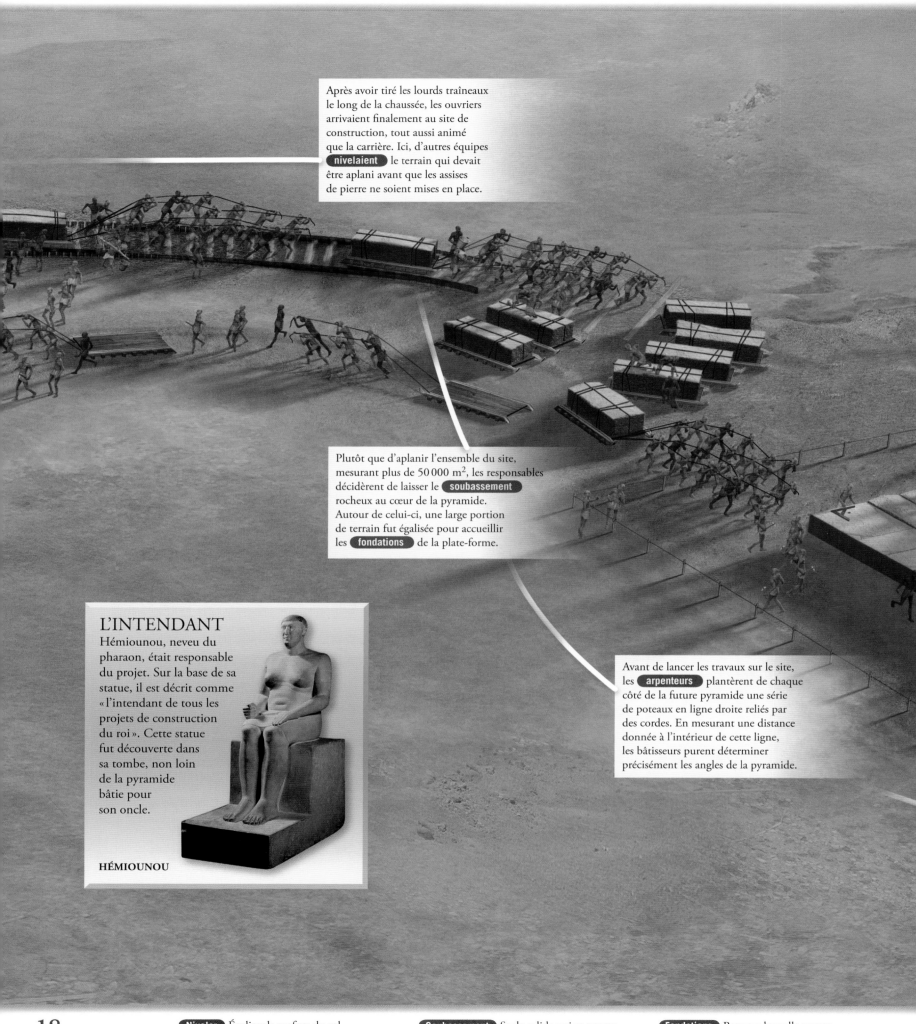

Après avoir tiré les lourds traîneaux le long de la chaussée, les ouvriers arrivaient finalement au site de construction, tout aussi animé que la carrière. Ici, d'autres équipes **nivelaient** le terrain qui devait être aplani avant que les assises de pierre ne soient mises en place.

Plutôt que d'aplanir l'ensemble du site, mesurant plus de 50 000 m², les responsables décidèrent de laisser le **soubassement** rocheux au cœur de la pyramide. Autour de celui-ci, une large portion de terrain fut égalisée pour accueillir les **fondations** de la plate-forme.

L'INTENDANT
Hémiounou, neveu du pharaon, était responsable du projet. Sur la base de sa statue, il est décrit comme « l'intendant de tous les projets de construction du roi ». Cette statue fut découverte dans sa tombe, non loin de la pyramide bâtie pour son oncle.

HÉMIOUNOU

Avant de lancer les travaux sur le site, les **arpenteurs** plantèrent de chaque côté de la future pyramide une série de poteaux en ligne droite reliés par des cordes. En mesurant une distance donnée à l'intérieur de cette ligne, les bâtisseurs purent déterminer précisément les angles de la pyramide.

Niveler Égaliser la surface du sol avant de commencer une construction.

Soubassement Socle solide qui se trouve sous le sol et les couches superficielles.

Fondations Base sur laquelle repose un édifice et qui l'empêche de s'enfoncer dans le sol.

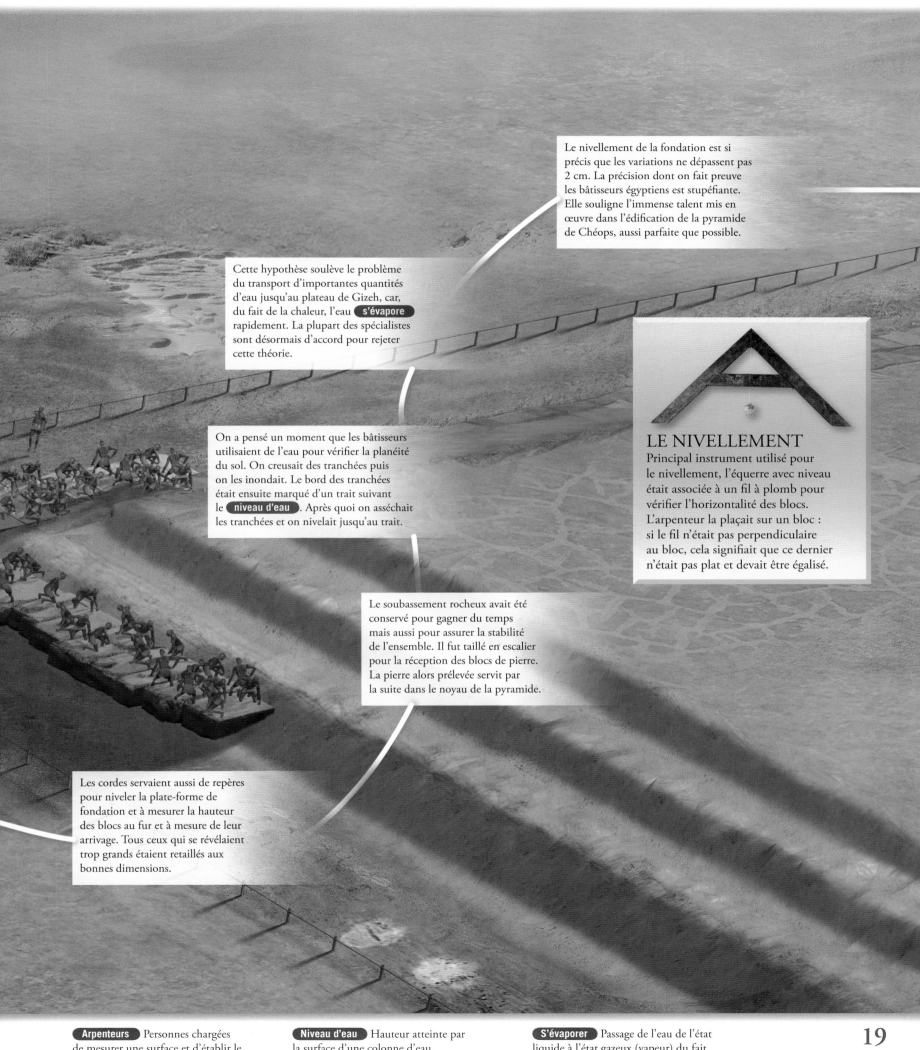

Le nivellement de la fondation est si précis que les variations ne dépassent pas 2 cm. La précision dont on fait preuve les bâtisseurs égyptiens est stupéfiante. Elle souligne l'immense talent mis en œuvre dans l'édification de la pyramide de Chéops, aussi parfaite que possible.

Cette hypothèse soulève le problème du transport d'importantes quantités d'eau jusqu'au plateau de Gizeh, car, du fait de la chaleur, l'eau **s'évapore** rapidement. La plupart des spécialistes sont désormais d'accord pour rejeter cette théorie.

LE NIVELLEMENT

Principal instrument utilisé pour le nivellement, l'équerre avec niveau était associée à un fil à plomb pour vérifier l'horizontalité des blocs. L'arpenteur la plaçait sur un bloc : si le fil n'était pas perpendiculaire au bloc, cela signifiait que ce dernier n'était pas plat et devait être égalisé.

On a pensé un moment que les bâtisseurs utilisaient de l'eau pour vérifier la planéité du sol. On creusait des tranchées puis on les inondait. Le bord des tranchées était ensuite marqué d'un trait suivant le **niveau d'eau**. Après quoi on asséchait les tranchées et on nivelait jusqu'au trait.

Le soubassement rocheux avait été conservé pour gagner du temps mais aussi pour assurer la stabilité de l'ensemble. Il fut taillé en escalier pour la réception des blocs de pierre. La pierre alors prélevée servit par la suite dans le noyau de la pyramide.

Les cordes servaient aussi de repères pour niveler la plate-forme de fondation et à mesurer la hauteur des blocs au fur et à mesure de leur arrivée. Tous ceux qui se révélaient trop grands étaient retaillés aux bonnes dimensions.

Arpenteurs Personnes chargées de mesurer une surface et d'établir le tracé d'un édifice.

Niveau d'eau Hauteur atteinte par la surface d'une colonne d'eau.

S'évaporer Passage de l'eau de l'état liquide à l'état gazeux (vapeur) du fait de son réchauffement.

LES OUTILS DES ÉGYPTIENS

La construction d'une pyramide était une tâche complexe, dont les Égyptiens s'acquittèrent à l'aide d'outils rudimentaires. À l'époque de Chéops, les Égyptiens n'avaient pas encore appris à façonner des outils dans des métaux durs, tels que le bronze ou le fer. Ils se servaient donc de pilons de pierre, de ciseaux et de forets aux lames de cuivre relativement tendres. Pour mesurer les angles et les distances, ils utilisaient des cordes en fibres végétales, des baguettes et des équerres de bois.

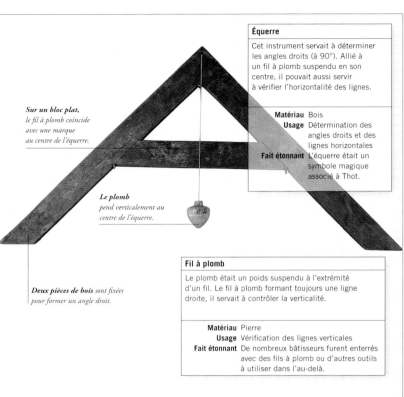

Équerre

Cet instrument servait à déterminer les angles droits (à 90°). Allié à un fil à plomb suspendu en son centre, il pouvait aussi servir à vérifier l'horizontalité des lignes.

Matériau Bois
Usage Détermination des angles droits et des lignes horizontales
Fait étonnant L'équerre était un symbole magique associé à Thot.

Sur un bloc plat, le fil à plomb coïncide avec une marque au centre de l'équerre.

Le plomb pend verticalement au centre de l'équerre.

Deux pièces de bois sont fixées pour former un angle droit.

Fil à plomb

Le plomb était un poids suspendu à l'extrémité d'un fil. Le fil à plomb formant toujours une ligne droite, il servait à contrôler la verticalité.

Matériau Pierre
Usage Vérification des lignes verticales
Fait étonnant De nombreux bâtisseurs furent enterrés avec des fils à plomb ou d'autres outils à utiliser dans l'au-delà.

Ciseau

Les ciseaux étaient en cuivre – un métal extrait dans le désert oriental. Le cuivre étant un métal tendre, les ciseaux avaient tendance à s'émousser très rapidement c'est pourquoi il fallait les aiguiser souvent. Les lames devaient être très étroites, pour ne pas se tordre au contact de la pierre.

Matériau Cuivre
Usage Taille de la pierre et gravure des inscriptions

Fait étonnant Malgré la taille de la Grande Pyramide, les finitions furent faites au ciseau.

L'extrémité du ciseau devait être régulièrement aiguisée.

Extrémité arrondie frappée par le maillet

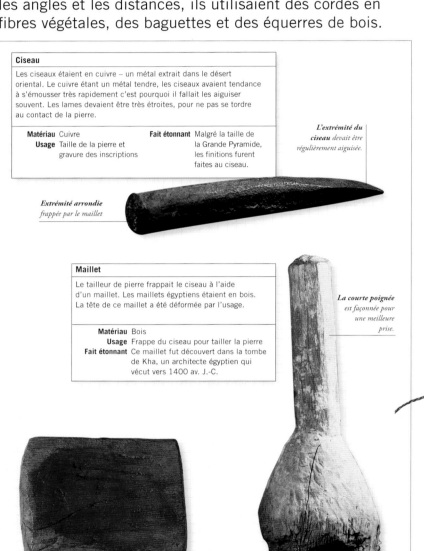

Maillet

Le tailleur de pierre frappait le ciseau à l'aide d'un maillet. Les maillets égyptiens étaient en bois. La tête de ce maillet a été déformée par l'usage.

Matériau Bois
Usage Frappe du ciseau pour tailler la pierre
Fait étonnant Ce maillet fut découvert dans la tombe de Kha, un architecte égyptien qui vécut vers 1400 av. J.-C.

La courte poignée est façonnée pour une meilleure prise.

La corde est tendue afin d'être droite.

La baguette de bois est placée à la verticale sur le bloc.

Nivelette

Pour vérifier l'horizontalité, deux baguettes reliées par une corde étaient tenues à chaque extrémité du bloc. Une troisième nivelette, insérée entre les deux, s'élevait au-dessus de la corde si la surface n'était pas plane.

Matériaux Bois, corde
Usage Vérification de l'horizontalité des blocs
Fait étonnant La nivelette est encore utilisée par les arpenteurs d'aujourd'hui.

Coin de bois

Utilisés conjointement aux leviers, les coins de bois servaient à déplacer des blocs. Placé sous un bloc, le coin permettait de le maintenir en surélévation et d'introduire des leviers pour le déplacer.

Matériau Bois
Usage Soutien des blocs
Fait étonnant Le coin présenté ici est vieux de plus de 3 000 ans.

La baguette est subdivisée en unités appelées doigts. Une paume comprenait quatre doigts et une coudée sept paumes.

Règle

Les longueurs étaient mesurées à l'aide de baguettes de bois mesurant une coudée. La coudée équivalait à la longueur d'un avant-bras : 52 cm.

Matériau Bois
Usage Mesures de longueur
Fait étonnant Le *foot*, ou pied, (30,48 cm), est toujours utilisé en Grande-Bretagne.

Échafaudage

Grâce aux peintures des tombes, nous savons que les Égyptiens avaient recours à des échafaudages faits de poteaux de bois maintenus par des cordes en fibres végétales. Ces poteaux étaient sans doute taillés dans le bois des acacias de la région.

Palanche

On transportait toutes sortes de choses grâce à un long poteau posé sur les épaules. Sur cette peinture murale, les hommes charrient des blocs de pierre. La palanche était placée sur les épaules de façon à assurer un bon équilibre des charges.

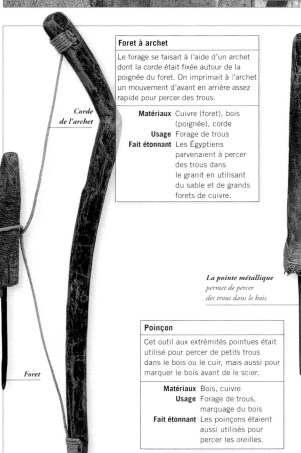

Corde de l'archet

Foret

La pointe métallique permet de percer des trous dans le bois.

Poignée de bois

Extrémité tranchante

Foret à archet

Le forage se faisait à l'aide d'un archet dont la corde était fixée autour de la poignée du foret. On imprimait à l'archet un mouvement d'avant en arrière assez rapide pour percer des trous.

Matériaux	Cuivre (foret), bois (poignée), corde
Usage	Forage de trous
Fait étonnant	Les Égyptiens parvenaient à percer des trous dans le granit en utilisant du sable et de grands forets de cuivre.

Scie à lame de cuivre

Cette scie servait à couper le bois ou, à l'aide de sable, à tailler la pierre. La scie déplaçait les grains de sable qui usaient la pierre par friction.

Matériaux	Bois, cuivre
Usage	Taille du bois ou de la pierre
Fait étonnant	Son mouvement allait vers l'arrière et non vers l'avant.

Poinçon

Cet outil aux extrémités pointues était utilisé pour percer de petits trous dans le bois ou le cuir, mais aussi pour marquer le bois avant de le scier.

Matériaux	Bois, cuivre
Usage	Forage de trous, marquage du bois
Fait étonnant	Les poinçons étaient aussi utilisés pour percer les oreilles.

Panier

Les matériaux de construction, les outils et les débris étaient transportés dans des paniers. Du fait de la rareté du bois, la plupart des gens rangeaient leurs affaires dans des paniers.

Matériaux	Fibres végétales (feuilles de palmier)
Usage	Transport et rangement
Fait étonnant	Les Égyptiens fabriquèrent des paniers bien avant de connaître la poterie.

Panier tissé en fibres végétales

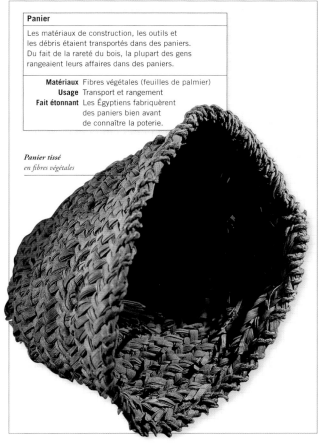

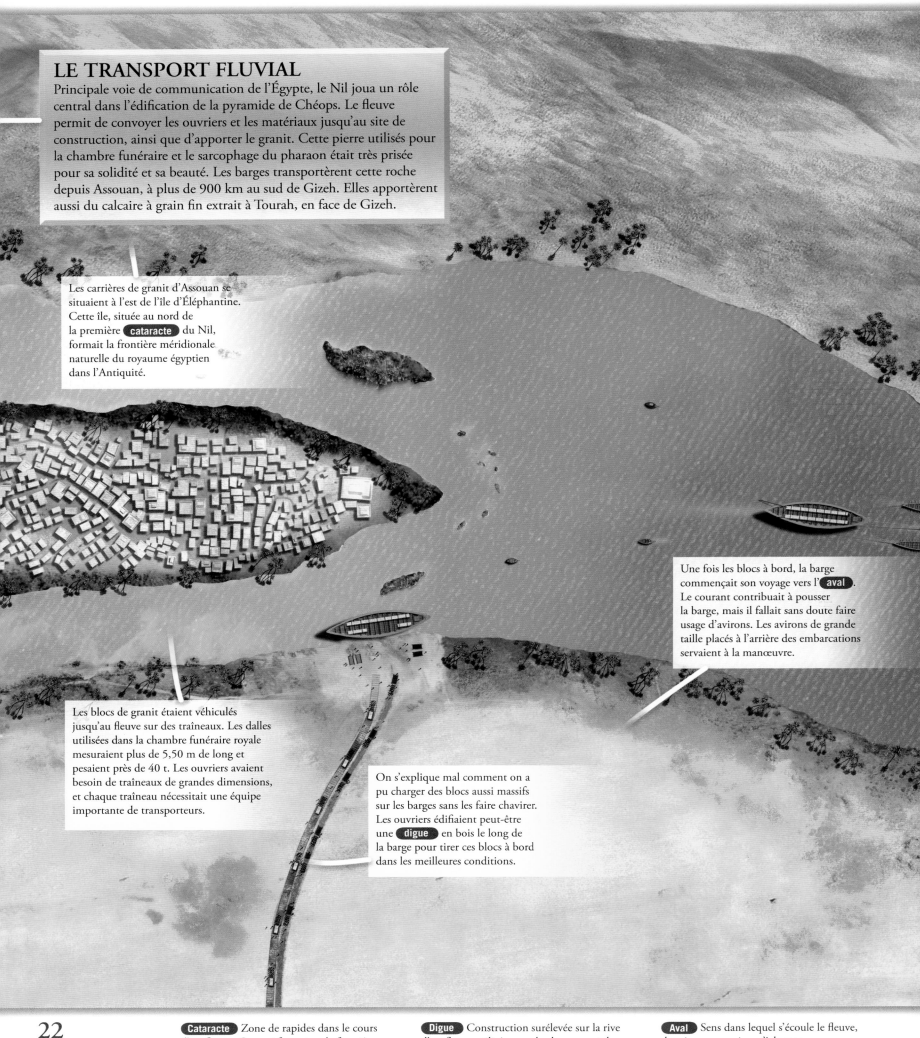

LE TRANSPORT FLUVIAL

Principale voie de communication de l'Égypte, le Nil joua un rôle central dans l'édification de la pyramide de Chéops. Le fleuve permit de convoyer les ouvriers et les matériaux jusqu'au site de construction, ainsi que d'apporter le granit. Cette pierre utilisés pour la chambre funéraire et le sarcophage du pharaon était très prisée pour sa solidité et sa beauté. Les barges transportèrent cette roche depuis Assouan, à plus de 900 km au sud de Gizeh. Elles apportèrent aussi du calcaire à grain fin extrait à Tourah, en face de Gizeh.

Les carrières de granit d'Assouan se situaient à l'est de l'île d'Éléphantine. Cette île, située au nord de la première **cataracte** du Nil, formait la frontière méridionale naturelle du royaume égyptien dans l'Antiquité.

Une fois les blocs à bord, la barge commençait son voyage vers l' **aval**. Le courant contribuait à pousser la barge, mais il fallait sans doute faire usage d'avirons. Les avirons de grande taille placés à l'arrière des embarcations servaient à la manœuvre.

Les blocs de granit étaient véhiculés jusqu'au fleuve sur des traîneaux. Les dalles utilisées dans la chambre funéraire royale mesuraient plus de 5,50 m de long et pesaient près de 40 t. Les ouvriers avaient besoin de traîneaux de grandes dimensions, et chaque traîneau nécessitait une équipe importante de transporteurs.

On s'explique mal comment on a pu charger des blocs aussi massifs sur les barges sans les faire chavirer. Les ouvriers édifiaient peut-être une **digue** en bois le long de la barge pour tirer ces blocs à bord dans les meilleures conditions.

Cataracte Zone de rapides dans le cours d'un fleuve. Ceux-ci formaient la frontière méridionale de l'Égypte.

Digue Construction surélevée sur la rive d'un fleuve utilisée pour le chargement des barges.

Aval Sens dans lequel s'écoule le fleuve, depuis sa source jusqu'à la mer.

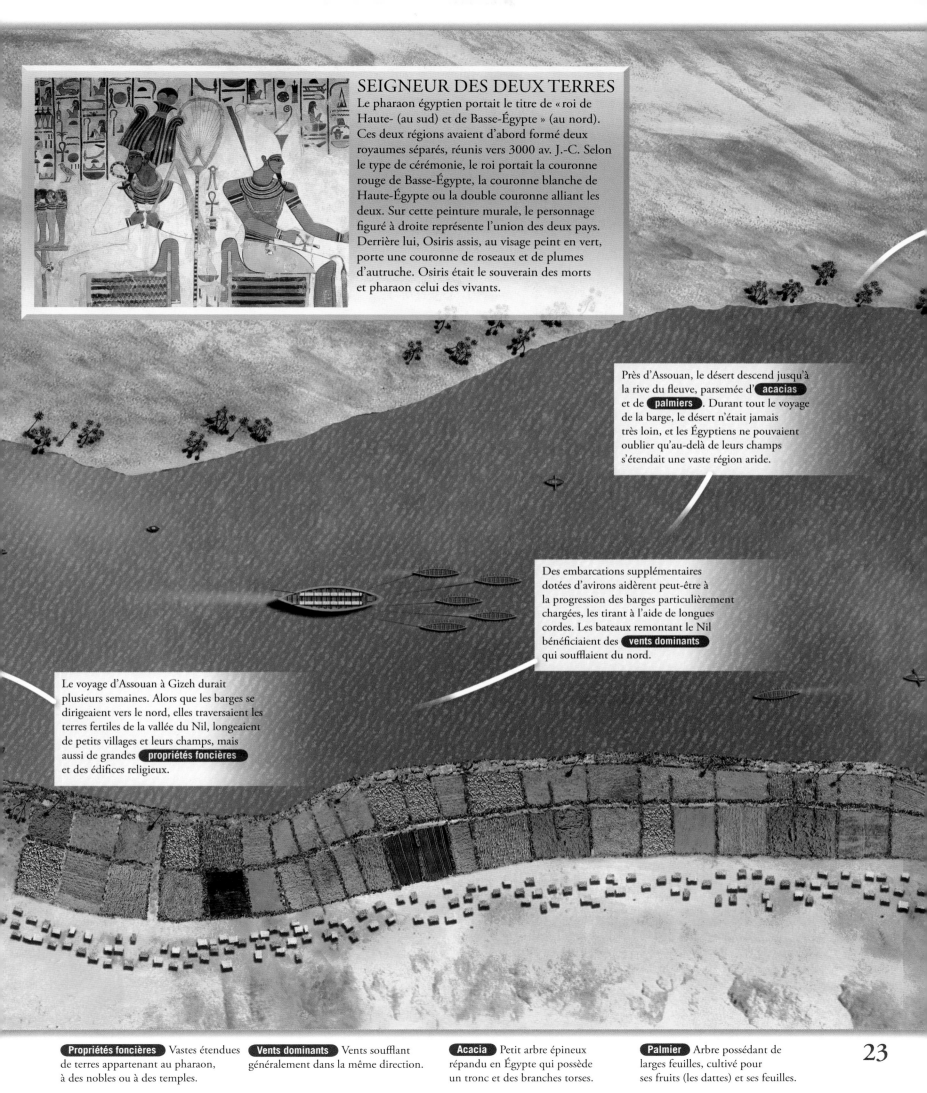

SEIGNEUR DES DEUX TERRES

Le pharaon égyptien portait le titre de « roi de Haute- (au sud) et de Basse-Égypte » (au nord). Ces deux régions avaient d'abord formé deux royaumes séparés, réunis vers 3000 av. J.-C. Selon le type de cérémonie, le roi portait la couronne rouge de Basse-Égypte, la couronne blanche de Haute-Égypte ou la double couronne alliant les deux. Sur cette peinture murale, le personnage figuré à droite représente l'union des deux pays. Derrière lui, Osiris assis, au visage peint en vert, porte une couronne de roseaux et de plumes d'autruche. Osiris était le souverain des morts et pharaon celui des vivants.

Près d'Assouan, le désert descend jusqu'à la rive du fleuve, parsemée d' **acacias** et de **palmiers**. Durant tout le voyage de la barge, le désert n'était jamais très loin, et les Égyptiens ne pouvaient oublier qu'au-delà de leurs champs s'étendait une vaste région aride.

Des embarcations supplémentaires dotées d'avirons aidèrent peut-être à la progression des barges particulièrement chargées, les tirant à l'aide de longues cordes. Les bateaux remontant le Nil bénéficiaient des **vents dominants** qui soufflaient du nord.

Le voyage d'Assouan à Gizeh durait plusieurs semaines. Alors que les barges se dirigeaient vers le nord, elles traversaient les terres fertiles de la vallée du Nil, longeaient de petits villages et leurs champs, mais aussi de grandes **propriétés foncières** et des édifices religieux.

Propriétés foncières Vastes étendues de terres appartenant au pharaon, à des nobles ou à des temples.

Vents dominants Vents soufflant généralement dans la même direction.

Acacia Petit arbre épineux répandu en Égypte qui possède un tronc et des branches torses.

Palmier Arbre possédant de larges feuilles, cultivé pour ses fruits (les dattes) et ses feuilles.

23

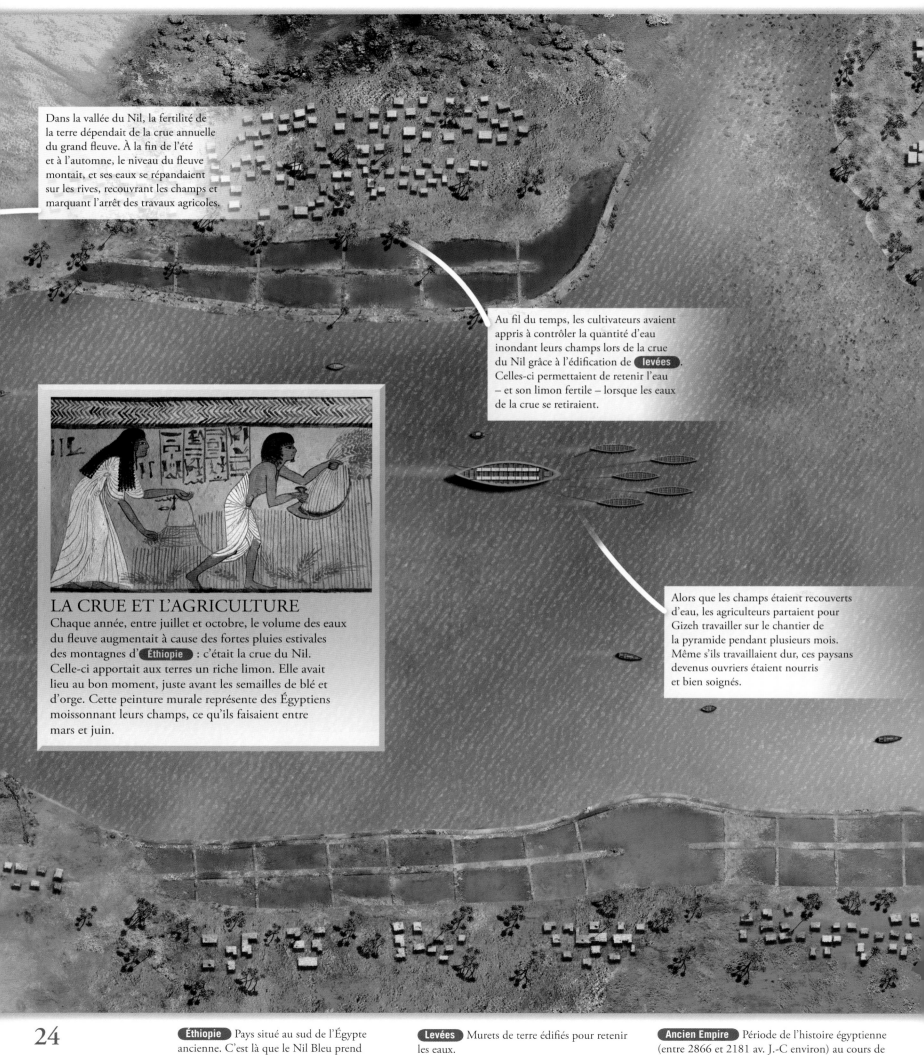

Dans la vallée du Nil, la fertilité de la terre dépendait de la crue annuelle du grand fleuve. À la fin de l'été et à l'automne, le niveau du fleuve montait, et ses eaux se répandaient sur les rives, recouvrant les champs et marquant l'arrêt des travaux agricoles.

Au fil du temps, les cultivateurs avaient appris à contrôler la quantité d'eau inondant leurs champs lors de la crue du Nil grâce à l'édification de **levées**. Celles-ci permettaient de retenir l'eau – et son limon fertile – lorsque les eaux de la crue se retiraient.

LA CRUE ET L'AGRICULTURE

Chaque année, entre juillet et octobre, le volume des eaux du fleuve augmentait à cause des fortes pluies estivales des montagnes d'**Éthiopie** : c'était la crue du Nil. Celle-ci apportait aux terres un riche limon. Elle avait lieu au bon moment, juste avant les semailles de blé et d'orge. Cette peinture murale représente des Égyptiens moissonnant leurs champs, ce qu'ils faisaient entre mars et juin.

Alors que les champs étaient recouverts d'eau, les agriculteurs partaient pour Gizeh travailler sur le chantier de la pyramide pendant plusieurs mois. Même s'ils travaillaient dur, ces paysans devenus ouvriers étaient nourris et bien soignés.

Éthiopie Pays situé au sud de l'Égypte ancienne. C'est là que le Nil Bleu prend sa source avant de rejoindre le Nil Blanc.

Levées Murets de terre édifiés pour retenir les eaux.

Ancien Empire Période de l'histoire égyptienne (entre 2866 et 2181 av. J.-C environ) au cours de laquelle furent bâties les pyramides.

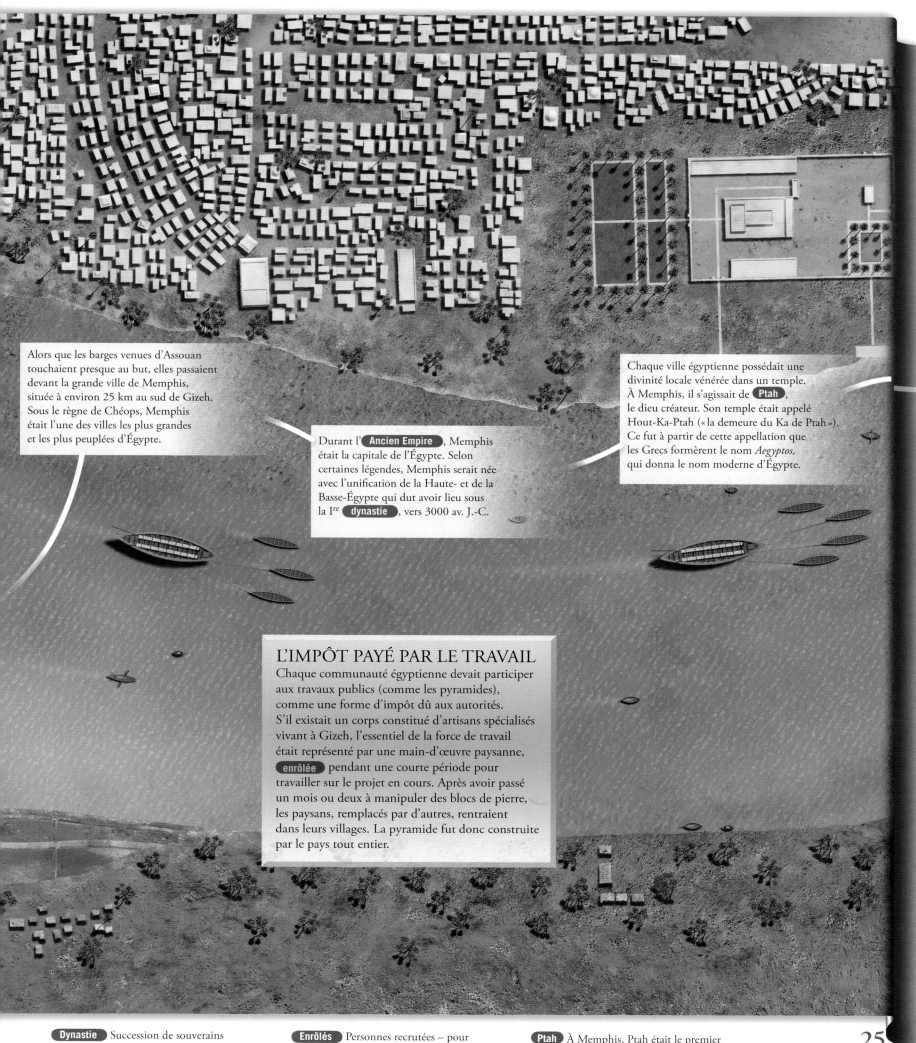

Alors que les barges venues d'Assouan touchaient presque au but, elles passaient devant la grande ville de Memphis, située à environ 25 km au sud de Gizeh. Sous le règne de Chéops, Memphis était l'une des villes les plus grandes et les plus peuplées d'Égypte.

Durant l' **Ancien Empire**, Memphis était la capitale de l'Égypte. Selon certaines légendes, Memphis serait née avec l'unification de la Haute- et de la Basse-Égypte qui dut avoir lieu sous la Ire **dynastie**, vers 3000 av. J.-C.

Chaque ville égyptienne possédait une divinité locale vénérée dans un temple. À Memphis, il s'agissait de **Ptah**, le dieu créateur. Son temple était appelé Hout-Ka-Ptah (« la demeure du Ka de Ptah »). Ce fut à partir de cette appellation que les Grecs formèrent le nom *Aegyptos,* qui donna le nom moderne d'Égypte.

L'IMPÔT PAYÉ PAR LE TRAVAIL

Chaque communauté égyptienne devait participer aux travaux publics (comme les pyramides), comme une forme d'impôt dû aux autorités. S'il existait un corps constitué d'artisans spécialisés vivant à Gizeh, l'essentiel de la force de travail était représenté par une main-d'œuvre paysanne, **enrôlée** pendant une courte période pour travailler sur le projet en cours. Après avoir passé un mois ou deux à manipuler des blocs de pierre, les paysans, remplacés par d'autres, rentraient dans leurs villages. La pyramide fut donc construite par le pays tout entier.

Dynastie Succession de souverains de la même famille conservant le pouvoir sur une longue période.

Enrôlés Personnes recrutées – pour l'armée, pour travailler –, qu'elles soient consentantes ou non.

Ptah À Memphis, Ptah était le premier des dieux, le patron des artisans.

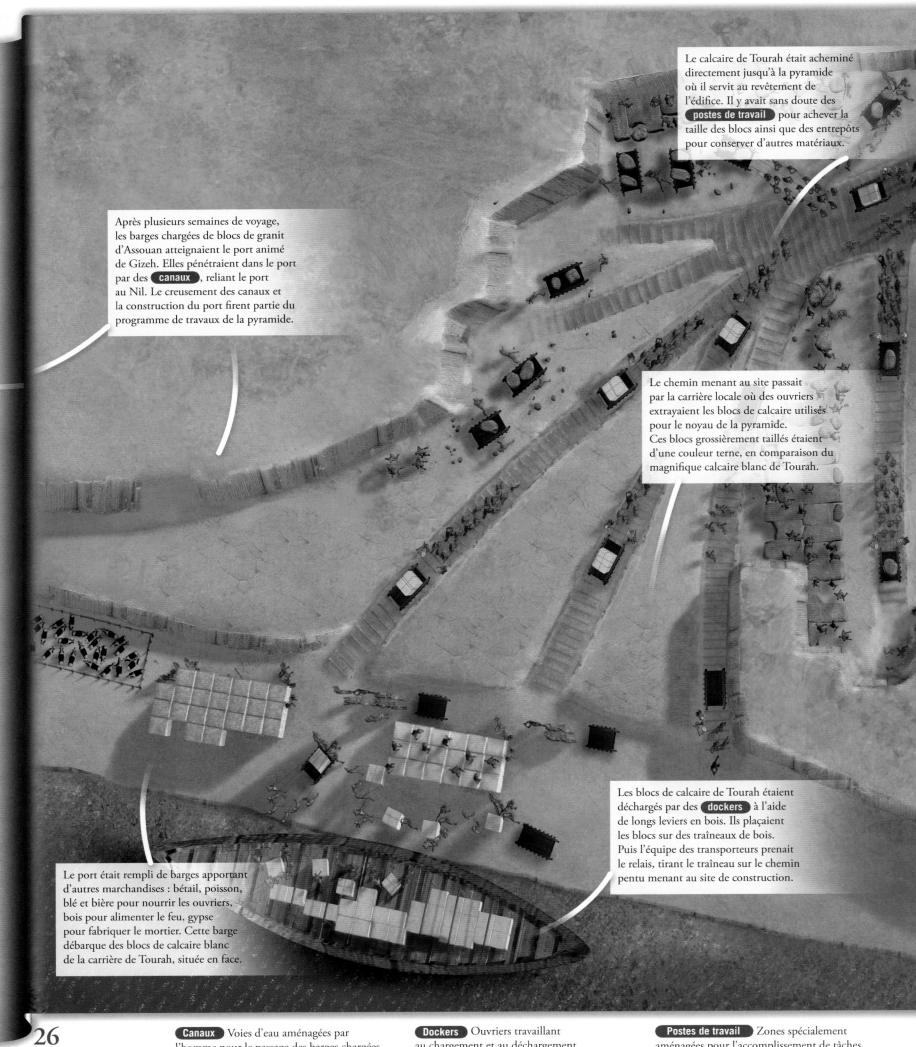

Le calcaire de Tourah était acheminé directement jusqu'à la pyramide où il servit au revêtement de l'édifice. Il y avait sans doute des postes de travail pour achever la taille des blocs ainsi que des entrepôts pour conserver d'autres matériaux.

Après plusieurs semaines de voyage, les barges chargées de blocs de granit d'Assouan atteignaient le port animé de Gizeh. Elles pénétraient dans le port par des canaux, reliant le port au Nil. Le creusement des canaux et la construction du port firent partie du programme de travaux de la pyramide.

Le chemin menant au site passait par la carrière locale où des ouvriers extrayaient les blocs de calcaire utilisés pour le noyau de la pyramide. Ces blocs grossièrement taillés étaient d'une couleur terne, en comparaison du magnifique calcaire blanc de Tourah.

Les blocs de calcaire de Tourah étaient déchargés par des dockers à l'aide de longs leviers en bois. Ils plaçaient les blocs sur des traîneaux de bois. Puis l'équipe des transporteurs prenait le relais, tirant le traîneau sur le chemin pentu menant au site de construction.

Le port était rempli de barges apportant d'autres marchandises : bétail, poisson, blé et bière pour nourrir les ouvriers, bois pour alimenter le feu, gypse pour fabriquer le mortier. Cette barge débarque des blocs de calcaire blanc de la carrière de Tourah, située en face.

Canaux Voies d'eau aménagées par l'homme pour le passage des barges chargées de matériaux.

Dockers Ouvriers travaillant au chargement et au déchargement sur les quais (docks) d'un port.

Postes de travail Zones spécialement aménagées pour l'accomplissement de tâches précises.

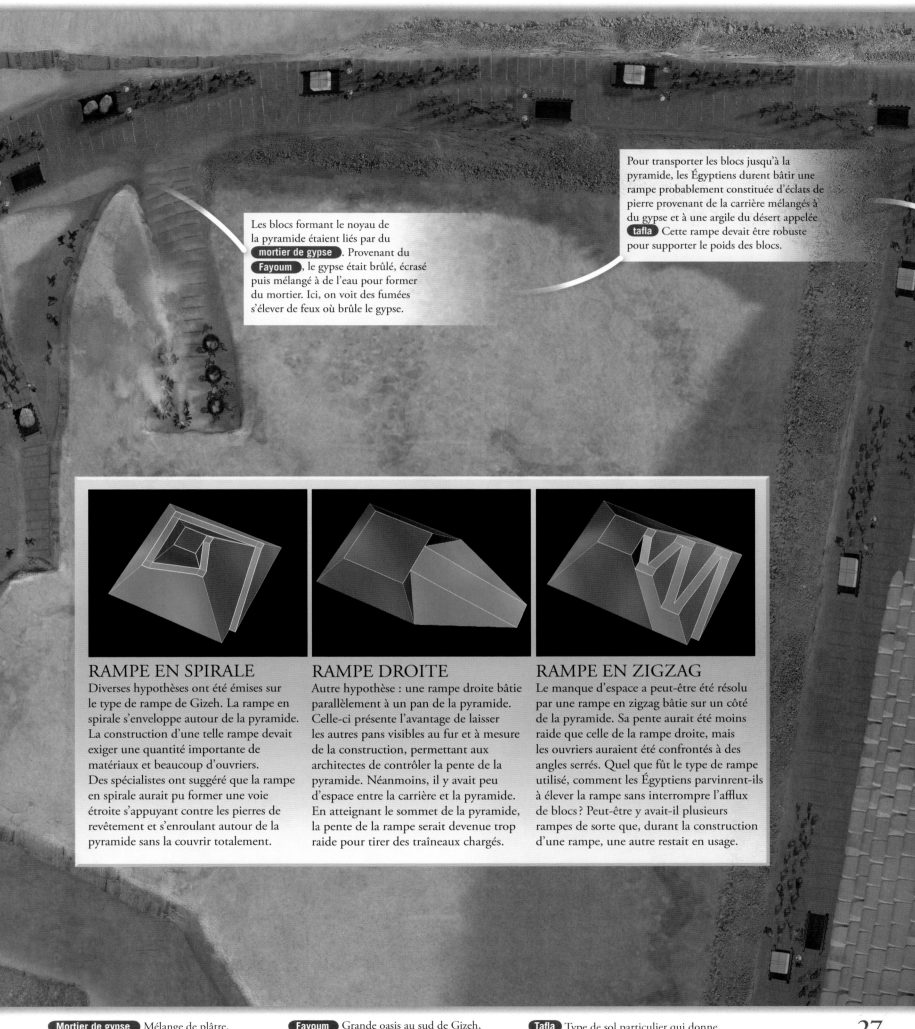

Les blocs formant le noyau de
la pyramide étaient liés par du
mortier de gypse . Provenant du
Fayoum , le gypse était brûlé, écrasé
puis mélangé à de l'eau pour former
du mortier. Ici, on voit des fumées
s'élever de feux où brûle le gypse.

Pour transporter les blocs jusqu'à la
pyramide, les Égyptiens durent bâtir une
rampe probablement constituée d'éclats de
pierre provenant de la carrière mélangés à
du gypse et à une argile du désert appelée
tafla Cette rampe devait être robuste
pour supporter le poids des blocs.

RAMPE EN SPIRALE

Diverses hypothèses ont été émises sur
le type de rampe de Gizeh. La rampe en
spirale s'enveloppe autour de la pyramide.
La construction d'une telle rampe devait
exiger une quantité importante de
matériaux et beaucoup d'ouvriers.
Des spécialistes ont suggéré que la rampe
en spirale aurait pu former une voie
étroite s'appuyant contre les pierres de
revêtement et s'enroulant autour de la
pyramide sans la couvrir totalement.

RAMPE DROITE

Autre hypothèse : une rampe droite bâtie
parallèlement à un pan de la pyramide.
Celle-ci présente l'avantage de laisser
les autres pans visibles au fur et à mesure
de la construction, permettant aux
architectes de contrôler la pente de la
pyramide. Néanmoins, il y avait peu
d'espace entre la carrière et la pyramide.
En atteignant le sommet de la pyramide,
la pente de la rampe serait devenue trop
raide pour tirer des traîneaux chargés.

RAMPE EN ZIGZAG

Le manque d'espace a peut-être été résolu
par une rampe en zigzag bâtie sur un côté
de la pyramide. Sa pente aurait été moins
raide que celle de la rampe droite, mais
les ouvriers auraient été confrontés à des
angles serrés. Quel que fût le type de rampe
utilisé, comment les Égyptiens parvinrent-ils
à élever la rampe sans interrompre l'afflux
de blocs ? Peut-être y avait-il plusieurs
rampes de sorte que, durant la construction
d'une rampe, une autre restait en usage.

Mortier de gypse Mélange de plâtre,
de sable et d'eau utilisé pour lier les blocs
de pierre.

Fayoum Grande oasis au sud de Gizeh,
reliée au Nil par un canal, où l'on trouve
encore du gypse de nos jours.

Tafla Type de sol particulier qui donne,
lorsqu'il est mélangé à l'eau, une argile solide.

27

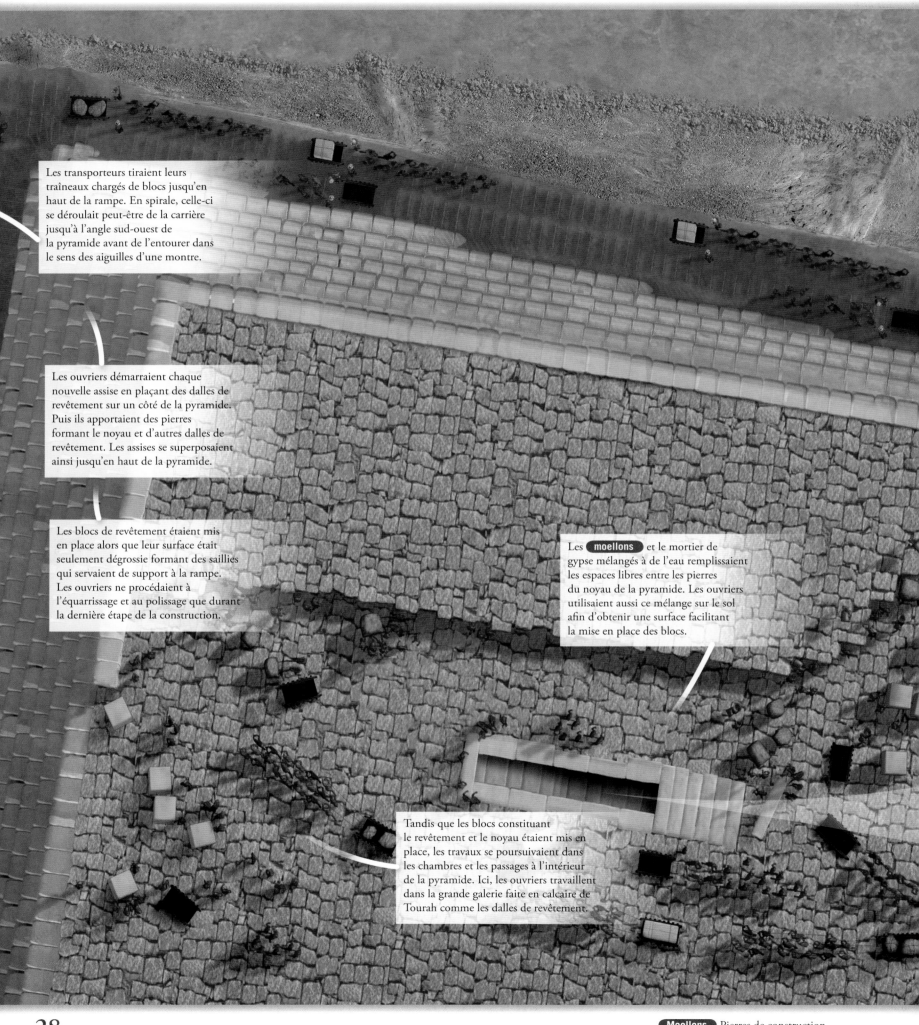

Les transporteurs tiraient leurs
traîneaux chargés de blocs jusqu'en
haut de la rampe. En spirale, celle-ci
se déroulait peut-être de la carrière
jusqu'à l'angle sud-ouest de
la pyramide avant de l'entourer dans
le sens des aiguilles d'une montre.

Les ouvriers démarraient chaque
nouvelle assise en plaçant des dalles de
revêtement sur un côté de la pyramide.
Puis ils apportaient des pierres
formant le noyau et d'autres dalles de
revêtement. Les assises se superposaient
ainsi jusqu'en haut de la pyramide.

Les blocs de revêtement étaient mis
en place alors que leur surface était
seulement dégrossie formant des saillies
qui servaient de support à la rampe.
Les ouvriers ne procédaient à
l'équarrissage et au polissage que durant
la dernière étape de la construction.

Les **moellons** et le mortier de
gypse mélangés à de l'eau remplissaient
les espaces libres entre les pierres
du noyau de la pyramide. Les ouvriers
utilisaient aussi ce mélange sur le sol
afin d'obtenir une surface facilitant
la mise en place des blocs.

Tandis que les blocs constituant
le revêtement et le noyau étaient mis en
place, les travaux se poursuivaient dans
les chambres et les passages à l'intérieur
de la pyramide. Ici, les ouvriers travaillent
dans la grande galerie faite en calcaire de
Tourah comme les dalles de revêtement.

Moellons Pierres de construction
grossières et de petite taille.

LA VIE SUR LE SITE

À Gizeh, les ouvriers vivaient dans une petite ville qui leur était réservée, dans des maisons de brique de boue pour les travailleurs permanents sur le site et dans des sortes de `baraquements` pour les autres. L'égyptologue Mark Lehner a découvert une zone dotée de greniers à blé, de boulangeries, d'ateliers de céramique et de fabrication d'outils. Ces zones font l'objet de `fouilles` qui nous renseignent sur la vie quotidienne. Ainsi, les arêtes de poisson, les os d'oie, de pigeon et de vache prouvent que les ouvriers étaient bien nourris.

Chaque assise de la pyramide était d'une surface plus réduite que la précédente et nécessitait donc moins de blocs et d'ouvriers. Il fut donc beaucoup plus long de mettre en place les assises correspondant à la moitié inférieure de la pyramide.

Au fil de la construction de la pyramide, des chambres et des couloirs furent façonnés. La grande galerie – le plus grand couloir – était longue et étroite. Construite à angle droit, elle nécessita une grande habileté technique. Cette galerie donnait dans un couloir ascendant plus étroit encore, aboutissant à la chambre funéraire supérieure, restant à bâtir.

`Baraquements` Vastes bâtiments simples abritant des ouvriers ou des soldats.

`Fouilles` Fait de creuser le sol en quête de structures (traces de construction) et d'objets anciens.

LA GRANDE GALERIE

La grande galerie aboutissait à une petite entrée donnant accès à la chambre funéraire de Chéops. Cette entrée faisait partie du système de sécurité, formé d'un espace doté de blocs en granit mis en place après l'inhumation afin de murer le **couloir ascendant**. Ce fut la seule pyramide construite avec un tel système, imposé par la position en hauteur de la chambre funéraire. Dans toutes les autres pyramides, les chambres funéraires se situaient dans la partie basse et pouvaient donc être scellées par la mise en place de blocs de pierre depuis l'extérieur.

Du fait de l'encorbellement, les murs se rapprochaient au fur et à mesure qu'ils s'élevaient. L'espace au sommet, qui mesurait 1 m, était suffisamment réduit pour ne nécessiter qu'une assise de dalles mises en place grâce aux encoches taillées au sommet des murs.

Cette technique avait déjà été utilisée par Snéfrou pour le plafond de sa chambre funéraire. La grande galerie de Chéops, la première à utiliser l'encorbellement sur une vaste échelle, signe l'une des plus belles réalisations de l'architecture antique.

En calcaire de Tourah, la galerie put atteindre cette hauteur de plafond grâce à la technique de l'**encorbellement**. Les deux premières assises sont parallèles, tandis que les sept suivantes en surplomb forment une saillie de 7,5 cm par rapport à celle du dessous.

La grande galerie est une vaste structure mesurant 46,70 m de long, 8,70 m de haut et 2,10 m de large dans sa partie basse. Ce sombre corridor s'élève au cœur de la pyramide. Afin de voir à l'intérieur, nous avons rendu l'un des murs transparents.

La partie basse de la galerie est dotée d'un accès à un **conduit** profond. Destiné à ceux qui scellèrent le couloir ascendant après les funérailles du pharaon, il menait à une **descenderie** qui permettait de sortir de la pyramide (voir p. 54-55).

Couloir ascendant Passage menant de la descenderie jusqu'à la chambre funéraire.

Conduit Passage étroit et raide.

Descenderie Voie ou passage menant de l'entrée de la pyramide à la chambre en sous-sol.

La grande galerie s'élève selon une inclinaison de 26°, tout comme le couloir ascendant. La raideur de la pente permettait aux blocs formant la **herse** de glisser jusqu'à l'extrémité de la galerie.

La partie basse des murs est dotée de rampes de pierre. Tout comme les murs qui s'élèvent au-dessus, elles sont creusées de cavités mystérieuses, peut-être destinées à recevoir des poutres en bois. Ces dernières auraient permis de retenir les blocs faisant office de herse.

Les blocs formant la herse étaient légèrement plus larges que la partie basse du couloir ascendant. Ils devaient donc glisser pratiquement jusqu'en bas du couloir où ils se coinçaient – trois d'entre eux sont encore en place de nos jours.

Il existe de nombreuses théories sur la place occupée dans la galerie par ces blocs formant une herse. Selon une hypothèse, ces cavités recevaient une plate-forme de bois permettant au cortège funéraire de passer par-dessus des herses placées à même le sol.

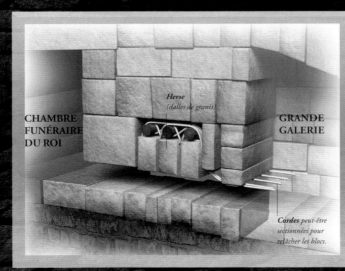

CHAMBRE
FUNÉRAIRE
DU ROI

Herse
(dalles de granit)

GRANDE
GALERIE

*Cordes peut-être
sectionnées pour
relâcher les blocs.*

**VUE TRANSVERSALE
DE L'ANTICHAMBRE**

LES MESURES DE SÉCURITÉ

Entre la grande galerie et la chambre funéraire, il y avait une **antichambre** caractérisée par trois niches taillées dans ses murs, mesurant 0,91 m de haut et 0,54 m de large. Elles contenaient des dalles de granit, sans doute mises en place à l'aide de cordes après les funérailles. Chéops avait pris des mesures exceptionnelles pour assurer la sécurité de sa chambre funéraire. L'ensemble des chambres et des corridors forme la structure la plus complexe jamais créée dans une pyramide égyptienne.

Encorbellement Technique où chaque bloc est en saillie sur le précédent afin d'obtenir une structure plus solide.

Herse Dalle ou grille abaissée pour sceller une entrée.

Antichambre Petite pièce donnant accès à la salle principale. Ici, il s'agit de la chambre funéraire du roi.

Les constructeurs craignaient des fissures du plafond du fait de la pression exercée par l'énorme poids de la pyramide. Ils bâtirent donc une série de cinq **pièces de décharge** au-dessus de la chambre du roi afin de déplacer les pressions exercées sur les côtés.

ectes de Chéops bâtirent
bre funéraire en hauteur
i, au-delà de la grande galerie
splendides dalles de granit
u d'Assouan. Cette chambre
,50 m de long, 5,20 m
5,80 m de haut.

Connue comme la chambre funéraire du roi, cette salle est la construction la plus aboutie de la pyramide. Les blocs qui la forment, aux surfaces soigneusement polies, sont si bien ajustés qu'il est impossible de glisser une feuille de papier entre eux.

Les monolithes (grands blocs) de pierre formant le plafond de la chambre mesurent plus de 5,20 m de long et pèsent entre 25 et 40 t. Aucun autre monument égyptien ne possède un plafond de cette dimension formé de monolithes de pierre.

LES PILLEURS DE TOMBES

Malgré tous les efforts accomplis pour sceller la chambre funéraire et la pyramide, la tombe de Chéops fut sans doute pillée dès l'Antiquité. Les voleurs creusèrent un tunnel depuis le côté nord de la pyramide, traversant les dalles de couverture au-dessus de l'entrée pour arriver au couloir ascendant juste au-dessus d'un bloc servant de herse. Ils forèrent sans doute des trous pour contourner la herse placée à l'extérieur de la chambre funéraire. Ils durent briser – ou soulever – le couvercle du sarcophage de Chéops pour dérober les bijoux placés sur la momie. Le mobilier funéraire fut aussi emporté.

Pièces de décharge Salle permettant de réduire la pression ou le poids.

Étoile Polaire Étoile indiquant le nord. L'étoile Polaire des Égyptiens était Alpha Draconis alors que celle que nous connaissons est Alpha Polaris.

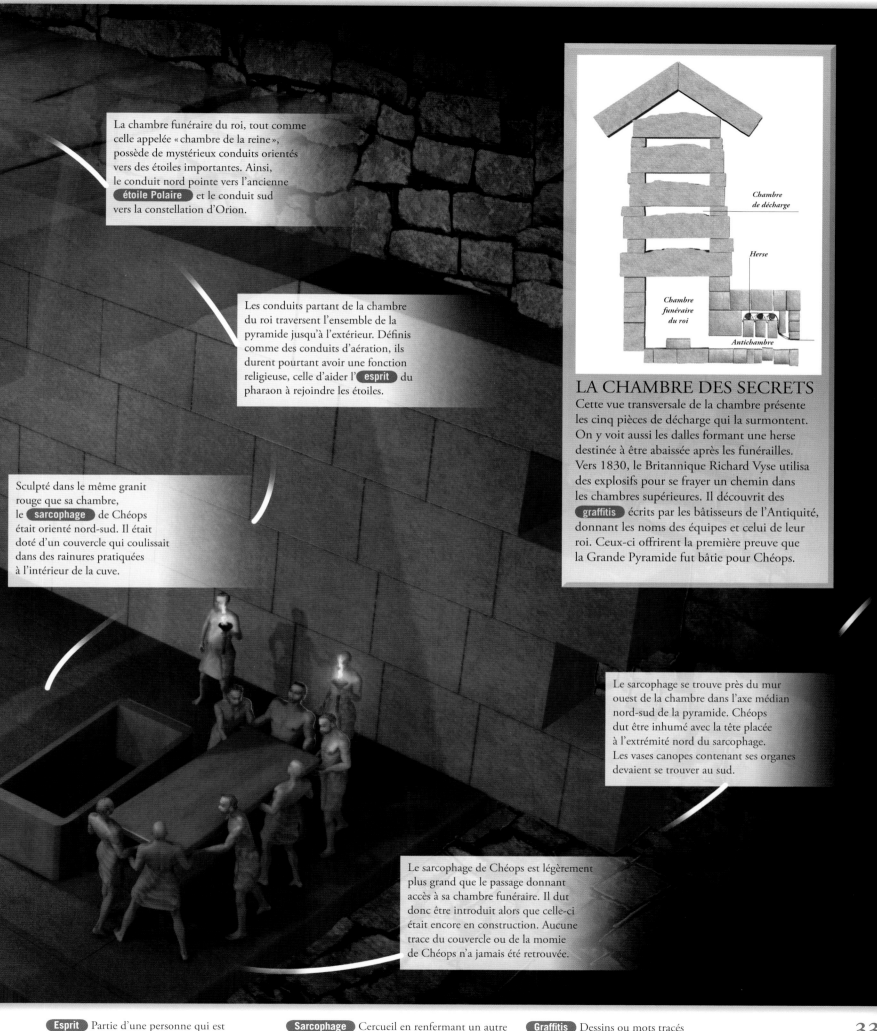

La chambre funéraire du roi, tout comme celle appelée «chambre de la reine», possède de mystérieux conduits orientés vers des étoiles importantes. Ainsi, le conduit nord pointe vers l'ancienne **étoile Polaire** et le conduit sud vers la constellation d'Orion.

Les conduits partant de la chambre du roi traversent l'ensemble de la pyramide jusqu'à l'extérieur. Définis comme des conduits d'aération, ils durent pourtant avoir une fonction religieuse, celle d'aider l'**esprit** du pharaon à rejoindre les étoiles.

Sculpté dans le même granit rouge que sa chambre, le **sarcophage** de Chéops était orienté nord-sud. Il était doté d'un couvercle qui coulissait dans des rainures pratiquées à l'intérieur de la cuve.

Chambre de décharge

Herse

Chambre funéraire du roi

Antichambre

LA CHAMBRE DES SECRETS

Cette vue transversale de la chambre présente les cinq pièces de décharge qui la surmontent. On y voit aussi les dalles formant une herse destinée à être abaissée après les funérailles. Vers 1830, le Britannique Richard Vyse utilisa des explosifs pour se frayer un chemin dans les chambres supérieures. Il découvrit des **graffitis** écrits par les bâtisseurs de l'Antiquité, donnant les noms des équipes et celui de leur roi. Ceux-ci offrirent la première preuve que la Grande Pyramide fut bâtie pour Chéops.

Le sarcophage se trouve près du mur ouest de la chambre dans l'axe médian nord-sud de la pyramide. Chéops dut être inhumé avec la tête placée à l'extrémité nord du sarcophage. Les vases canopes contenant ses organes devaient se trouver au sud.

Le sarcophage de Chéops est légèrement plus grand que le passage donnant accès à sa chambre funéraire. Il dut donc être introduit alors que celle-ci était encore en construction. Aucune trace du couvercle ou de la momie de Chéops n'a jamais été retrouvée.

Esprit Partie d'une personne qui est censée continuer à vivre après la mort.

Sarcophage Cercueil en renfermant un autre qui contenait la momie et parfois doté de textes qui accompagnaient le défunt vers l'au-delà.

Graffitis Dessins ou mots tracés rapidement sur un mur.

En Égypte, on voit parfois les rayons du soleil traverser les nuages selon un angle très similaire à celui formé par les pans de la pyramide. Cette constatation laisse penser que, à l'image de la pierre *benben*, la pyramide était une reproduction des rayons solaires.

Même si le pyramidion de la Grande Pyramide ne fut jamais retrouvé, les archéologues ont découvert il y a peu un autre pyramidion appartenant à une pyramide de petite taille élevée par Chéops à Gizeh. Formé d'une base **convexe**, il s'intégrait parfaitement aux blocs **concaves** placés au-dessous.

Bien au-dessus de la chambre funéraire, la pyramide se termine en une pointe parfaite, c'est le **pyramidion**, le *benbenet* des Égyptiens. Ce terme fut formé à partir de *benben,* pierre sacrée du temple de Rê à Héliopolis représentant les rayons du soleil et dont la pyramide était sans doute une reproduction.

Tout comme le pyramidion de cette petite pyramide, celui de la Grande Pyramide devait être en calcaire blanc de Tourah. Par la suite, les pyramidions furent taillés dans des pierres dures (granit noir, par exemple), soigneusement polis et gravés d'**inscriptions** demandant de l'aide dans l'au-delà.

LA MISE EN PLACE DU PYRAMIDION

Au sommet de la pyramide, il n'y avait plus assez de place pour la large rampe. De nombreuses théories ont été proposées pour expliquer la mise en place du pyramidion. L'égyptologue Dieter Arnold suggéra la construction d'un petit escalier de pierre sur un côté de la pyramide. Les ouvriers auraient alors monté le pyramidion, peut-être placé sur une structure de bois, par l'escalier avant de le mettre en place grâce à des leviers. Il put y avoir aussi une petite plate-forme en bois sur laquelle ils auraient effectué ces manœuvres.

Pyramidion Pierre sommitale de la pyramide qui formait sa pointe.

Convexe Avec un côté incurvé vers l'extérieur, comme l'extérieur d'un bol.

Concave Avec un côté incurvé vers l'intérieur, comme l'intérieur d'un bol.

Ce pyramidion coiffait la pyramide à près de 150 m de haut et nécessitait donc un trajet long et dangereux. Il dut être porté à bout de bras mais, pendant la première partie de l'ascension, il fut sans doute placé sur un traîneau tiré sur une rampe.

Pour la seconde partie du voyage, les ouvriers se servirent peut-être de leviers pour amener le pyramidion au sommet. Il put aussi être transporté sur une structure de bois. Quelle que fût la méthode, c'était un dur labeur, car, à cette hauteur, l'espace où se déplaçaient les ouvriers était très réduit.

FÊTES POUR L'INSTALLATION DU PYRAMIDION

Le pharaon était informé de l'installation du pyramidion et des offrandes faites aux dieux. À Abousir, les **reliefs** muraux d'une rampe figurent des danses, des luttes, des fonctionnaires s'inclinant devant la pyramide ainsi que des architectes avec leurs rouleaux de papyrus, portant peut-être le plan de la pyramide. Sur ce relief plus tardif, des danseuses et des musiciennes jouent du sistre et du tambourin.

Avec la mise en place du pyramidion s'achevait la principale phase de construction de la pyramide. C'était un moment important, sans doute marqué par des cérémonies religieuses et de grandes fêtes. Pourtant, la pyramide n'était pas encore terminée – il restait encore beaucoup de travail à faire.

Inscriptions Paroles écrites ou gravées – en hiéroglyphes en Égypte.

Reliefs Images sculptées en deux dimensions sur des parois de pierre.

LE POLISSAGE DES PIERRES

La pyramide bâtie pour le petit-fils de Chéops, Mykérinos, resta inachevée. Les dalles de revêtement des assises basses de cette pyramide restèrent donc inégales et dépourvues de polissage. C'est là une bonne preuve que cette opération se faisait du haut vers le bas de la pyramide. Aux endroits où les blocs sont tombés, on peut voir les lignes tracées sur les côtés des dalles de revêtement ayant servi de guide aux tailleurs de pierre. Puisque cette méthode servit pour la pyramide de Mykérinos, elle put très bien être déjà utilisée pour celle de Chéops.

Le travail s'accomplissait du haut vers le bas. Pour ce faire, les ouvriers se maintenaient peut-être en équilibre sur les pierres de revêtement de l'assise inférieure ou sur un échafaudage fait de poteaux de bois liés par une corde végétale.

Une fois le pyramidion en place et les célébrations achevées, les tailleurs de pierre pouvaient commencer l' **égalisation** des dalles de revêtement. Parallèlement, ils démontaient l'énorme rampe utilisée pour apporter les blocs de pierre et les autres matériaux nécessaires.

Ces tailleurs de pierre étaient fort habiles à aplanir les faces extérieures des blocs. Une autre équipe se chargeait ensuite de polir les surfaces des blocs en les frottant avec des pierres. Cette opération permettait d'effacer les traces de ciseau et de faire briller les surfaces.

Pour débarrasser la face extérieure des dalles de leurs saillies, les tailleurs de pierre utilisaient de petits ciseaux à lame de cuivre. Ils étaient guidés par les surfaces des dalles déjà égalisées situées au-dessus et par les lignes tracées sur les côtés des blocs.

Égalisation Dégrossissage de la pierre pour la rendre lisse et unie. **Gravats** Masse de matériaux indésirables, comme la pierraille.

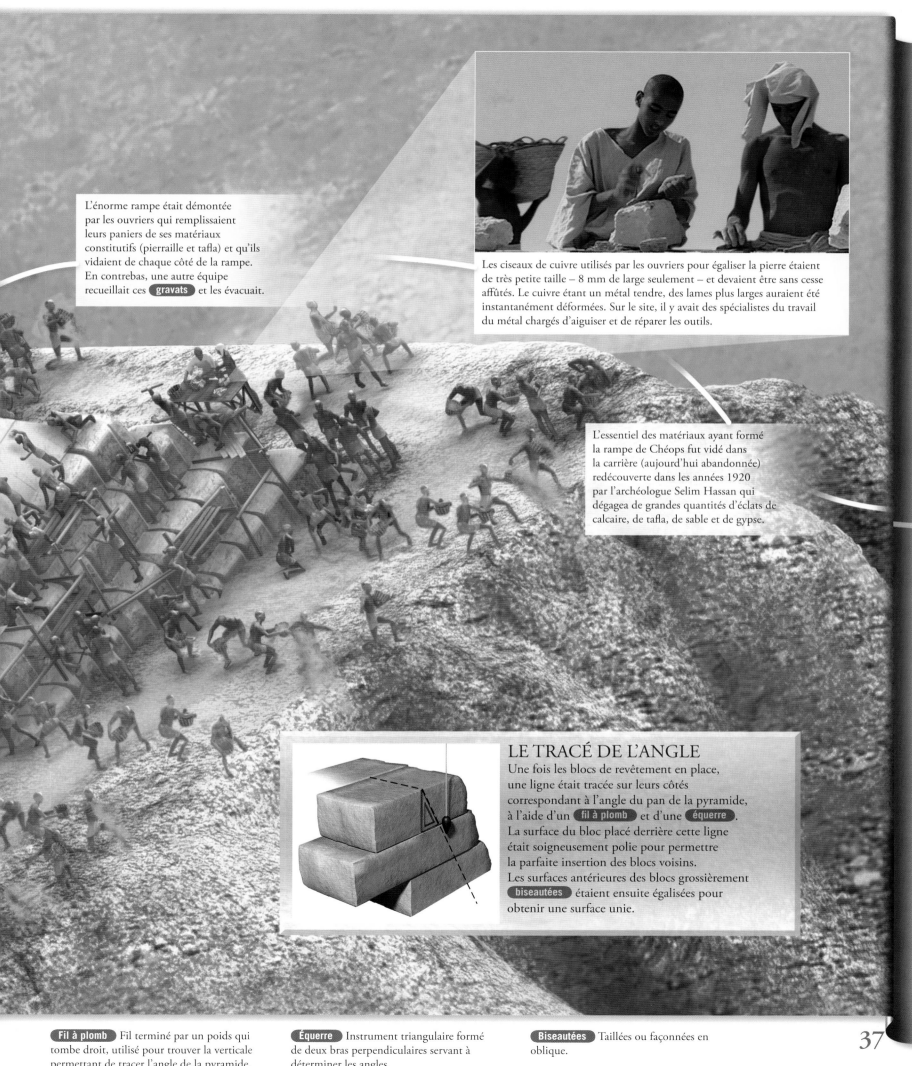

L'énorme rampe était démontée par les ouvriers qui remplissaient leurs paniers de ses matériaux constitutifs (pierraille et tafla) et qu'ils vidaient de chaque côté de la rampe. En contrebas, une autre équipe recueillait ces **gravats** et les évacuait.

Les ciseaux de cuivre utilisés par les ouvriers pour égaliser la pierre étaient de très petite taille – 8 mm de large seulement – et devaient être sans cesse affûtés. Le cuivre étant un métal tendre, des lames plus larges auraient été instantanément déformées. Sur le site, il y avait des spécialistes du travail du métal chargés d'aiguiser et de réparer les outils.

L'essentiel des matériaux ayant formé la rampe de Chéops fut vidé dans la carrière (aujourd'hui abandonnée) redécouverte dans les années 1920 par l'archéologue Selim Hassan qui dégagea de grandes quantités d'éclats de calcaire, de tafla, de sable et de gypse.

LE TRACÉ DE L'ANGLE

Une fois les blocs de revêtement en place, une ligne était tracée sur leurs côtés correspondant à l'angle du pan de la pyramide, à l'aide d'un **fil à plomb** et d'une **équerre**. La surface du bloc placé derrière cette ligne était soigneusement polie pour permettre la parfaite insertion des blocs voisins. Les surfaces antérieures des blocs grossièrement **biseautées** étaient ensuite égalisées pour obtenir une surface unie.

Fil à plomb Fil terminé par un poids qui tombe droit, utilisé pour trouver la verticale permettant de tracer l'angle de la pyramide.

Équerre Instrument triangulaire formé de deux bras perpendiculaires servant à déterminer les angles.

Biseautées Taillées ou façonnées en oblique.

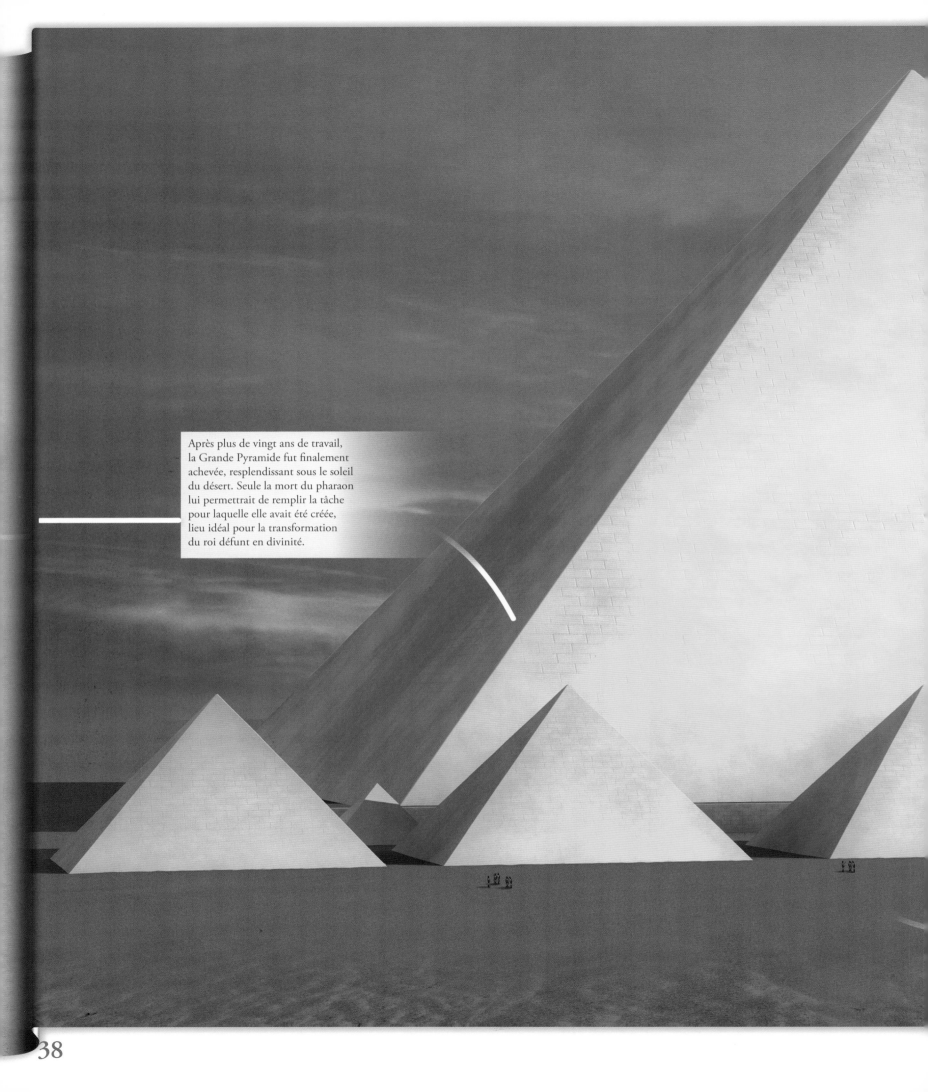

Après plus de vingt ans de travail, la Grande Pyramide fut finalement achevée, resplendissant sous le soleil du désert. Seule la mort du pharaon lui permettrait de remplir la tâche pour laquelle elle avait été créée, lieu idéal pour la transformation du roi défunt en divinité.

Si les pharaons continuèrent d'édifier
des pyramides pendant plus d'un
millénaire, aucune n'atteignit jamais
la taille de la Grande Pyramide.
Bien plus tard, les Grecs de l'Antiquité
la célébrèrent comme la plus remarquable
des Sept Merveilles du monde.

Des milliers d'Égyptiens participèrent
à la construction de la pyramide
de Chéops. L'achèvement du travail
ne signifiait qu'une courte pause.
Bientôt, il y aurait un nouveau
roi qui ferait bâtir sa pyramide
et il faudrait tout recommencer.

Groupe de pleureuses déplorant la mort du pharaon lors de ses funérailles, moment d'une grande tristesse. Cette peinture murale décorait une tombe datée de 1370 av. J.-C. environ.

au défunt d'accéder à l'au-delà et de transmettre son pouvoir à son fils. Le pharaon décédé devenait un Osiris. Cette métamorphose avait lieu dans la pyramide et c'est de là qu'il partait prendre sa place dans l'au-delà.

> « Il est en chemin vers le ciel, sur le vent. Il ne rencontre pas d'obstacle, personne ne lui fait obstacle. »

Textes des Pyramides, Incantation 258 (2350-2150 av. J.-C.)

Textes des Pyramides

Les parois des chambres funéraires des pyramides plus tardives étaient couvertes d'incantations – centaines de rites et de formules magiques connues comme les Textes des Pyramides – destinées à faciliter la transformation du roi en Osiris et son accès à l'autre vie. Si elles étaient absentes de la chambre funéraire de Chéops, ces incantations durent néanmoins être récitées lors de ses funérailles par son fils aîné ou par un prêtre.

Les amulettes magiques contribuaient à la divinisation du roi. Celles en forme de scarabée étaient très populaires.

LA MORT DU PHARAON

FUNÉRAILLES POUR UN DIEU

La mort d'un pharaon – Chéops, par exemple – constituait un événement majeur dans l'Égypte ancienne. Le pharaon n'était pas un roi ordinaire. Sur Terre, il figurait sous les traits du dieu Horus à corps d'homme et à tête de faucon mais, après sa mort, il devenait Osiris, souverain des morts et père d'Horus, tandis qu'un nouveau roi le remplaçait en tant qu'Horus.

Lien vital

Le pharaon servait de relais entre la vie sur Terre et les dieux. C'était grâce au pharaon que le soleil se levait tous les matins et que la crue du Nil avait lieu au bon moment pour enrichir la terre. À la mort du pharaon, le lien entre l'humanité et les dieux se rompait momentanément. Ce lien essentiel était rétabli grâce aux rituels permettant

Le dieu du Soleil

Durant le règne de Chéops, Rê, le dieu du Soleil, devint la principale divinité du panthéon égyptien. Le roi fut désormais lié à Rê et à Osiris. Ainsi, contrairement au complexe funéraire de Djoser orienté au nord en direction des étoiles, celui de Chéops fut élevé face à l'est, face au soleil levant.

« Osiris paraît – pur, puissant, seigneur de la vérité. »

Textes des Pyramides, Incantation 577 (2350-2150 av. J.-C.)

Naviguer dans le ciel

Les Égyptiens pensaient que Rê traversait le ciel à bord d'une barque. Au crépuscule, il passait au-dessous du désert oriental pour atteindre le monde souterrain où il naviguait avant d'émerger le lendemain matin à l'horizon oriental. C'était le lieu de la renaissance quotidienne de Rê, mais aussi celui où le pharaon défunt, naviguant à bord de la barque de Rê, apparaissait en tant que dieu. C'est la raison pour laquelle la pyramide de Chéops portait le nom d'Akhet Khoufou, «l'horizon de Khoufou» – Khoufou est le nom égyptien de Chéops.

Les formes de l'esprit

Selon les Égyptiens, chaque individu était formé de diverses composantes qui devaient être protégées

Les Égyptiens pensaient que tous les voyages se faisaient sur l'eau. Les sarcophages étaient souvent transportés vers les tombes à bord d'une embarcation placée sur un traîneau.

après la mort. Il y avait le corps, préservé en momie – un nouveau corps parfait pour l'éternité. Un être possédait aussi un Ka et un Ba. Le premier était la force de vie qui avait besoin d'aliments. Le Ka du pharaon pouvait pénétrer dans ses statues et recevoir les offrandes de nourritures. Le Ba représentait sa capacité à se déplacer. Ainsi le Ba de Chéops pouvait se mouvoir entre sa momie, placée en haut de sa pyramide, jusqu'à ses temples pour visiter son Ka, figuré sous forme de statues, ou voyager jusqu'aux étoiles. Au moment de la mort, le Ka, le Ba et le corps se séparaient. Ils étaient à nouveau réunis grâce aux rituels funéraires. Le Ka et le Ba formaient alors une troisième forme de l'esprit, l'Akh («lumière resplendissante»).

Les cérémonies funéraires

L'ouverture de la bouche constituait l'acte majeur accompli par le fils du pharaon lors des funérailles de son père. Jouant le rôle d'Horus, il ramenait son père à la vie par la magie. Tout en récitant des incantations, il touchait la momie du pharaon ou de la statue de son Ka avec des instruments spécifiques, restaurant magiquement toutes les fonctions corporelles de son père. Désormais, le pharaon pouvait manger, respirer et voir à nouveau. Il était prêt à commencer sa nouvelle vie dans l'au-delà.

« Je suis ton fils bien-aimé. Je t'ai ouvert la bouche. »

Textes des Pyramides, Incantation 20 (2350-2150 av. J.-C.)

Horus, *le dieu du Ciel à tête de faucon, accomplit le rituel de l'ouverture de la bouche sur la momie afin de la ramener à la vie.*

Le Ba *était représenté sous la forme d'oiseau à tête humaine. Dans cette peinture sur papyrus, il plane au-dessus de sa momie.*

LE VOYAGE DANS L'AU-DELÀ

Lorsque le pharaon mourait, les Égyptiens pensaient qu'il voyageait dans le ciel pour rejoindre les dieux. Tout ce que nous savons sur ce voyage provient des Textes des Pyramides. Présents sur les murs des chambres funéraires dans les pyramides plus tardives, ils aidaient le pharaon à atteindre le ciel. Le roi pouvait sauter vers le ciel comme une sauterelle, être aidé par les vents et les tempêtes ou voler sous forme de faucon ou d'oie. Les Égyptiens écrivaient leurs textes à l'aide de hiéroglyphes.

Pour atteindre l'au-delà, le roi franchissait une porte à deux battants placée à l'endroit où le soleil se levait chaque jour et marquant le début de la vie nouvelle. Les Textes des Pyramides affirment : « La porte à deux battants de l'horizon est ouverte ! »

Pour se rendre dans l'au-delà, le pharaon traversait le ciel. Les textes rapportent qu'il naviguait dans la belle barque de Rê, figuré en homme à tête de faucon couronné du disque solaire. Ce voyage apparaît sur les parois de tombes plus tardives.

Un héron, vivant sur les rives du fleuve, se trouve à la proue de la barque de Rê. Appelé *benou*, c'est l'oiseau sacré de Rê, lié également à Osiris. Le héron est coiffé de la couronne de plumes d'Osiris.

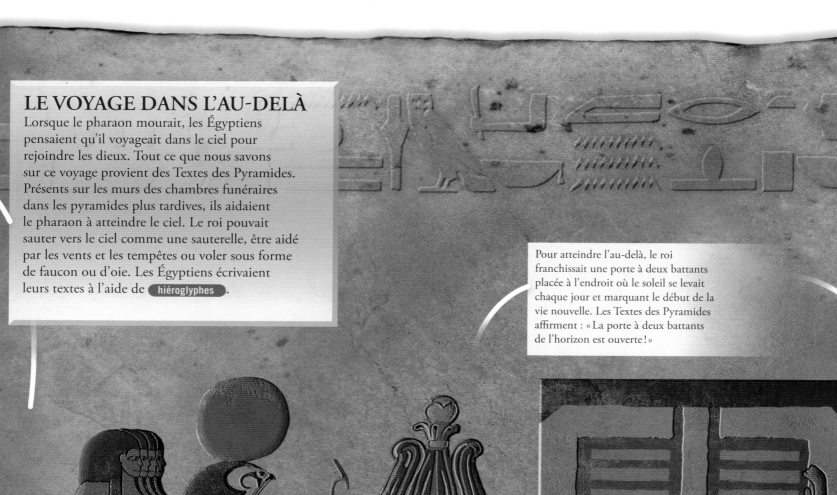

Hiéroglyphes Écriture faite d'images et de symboles utilisée par les Égyptiens pour former les syllabes et les mots.

Les Textes des Pyramides détaillaient de nombreuses croyances développées au fil des siècles. Le pharaon est décrit comme Osiris, mais il est aussi accueilli par ce dieu dans l'au-delà. Ici, un homme est conduit à Osiris par Anubis, le dieu de la Momification.

Durant ce voyage, le pharaon renaissait en Osiris, souverain des morts. Osiris figure ici le corps momifié, portant un **sceptre** et un **fouet**, deux symboles de la royauté. Il porte la couronne à plumes *atef* ainsi que la barbe postiche, autre symbole royal.

Alors que le pharaon défunt devenait Osiris, son fils sur Terre prenait sa place en tant qu'Horus, le dieu du Ciel à tête de faucon. Les yeux d'Horus figurent de chaque côté de son père Osiris. Osiris régnait sur les morts et Horus sur les vivants.

Sceptre Symbole de pouvoir, il figure le bâton recourbé à une extrémité utilisé par les bergers pour guider leurs bêtes.

Fouet Symbole royal égyptien formé d'un manche auquel sont attachées des lanières terminées par des perles.

43

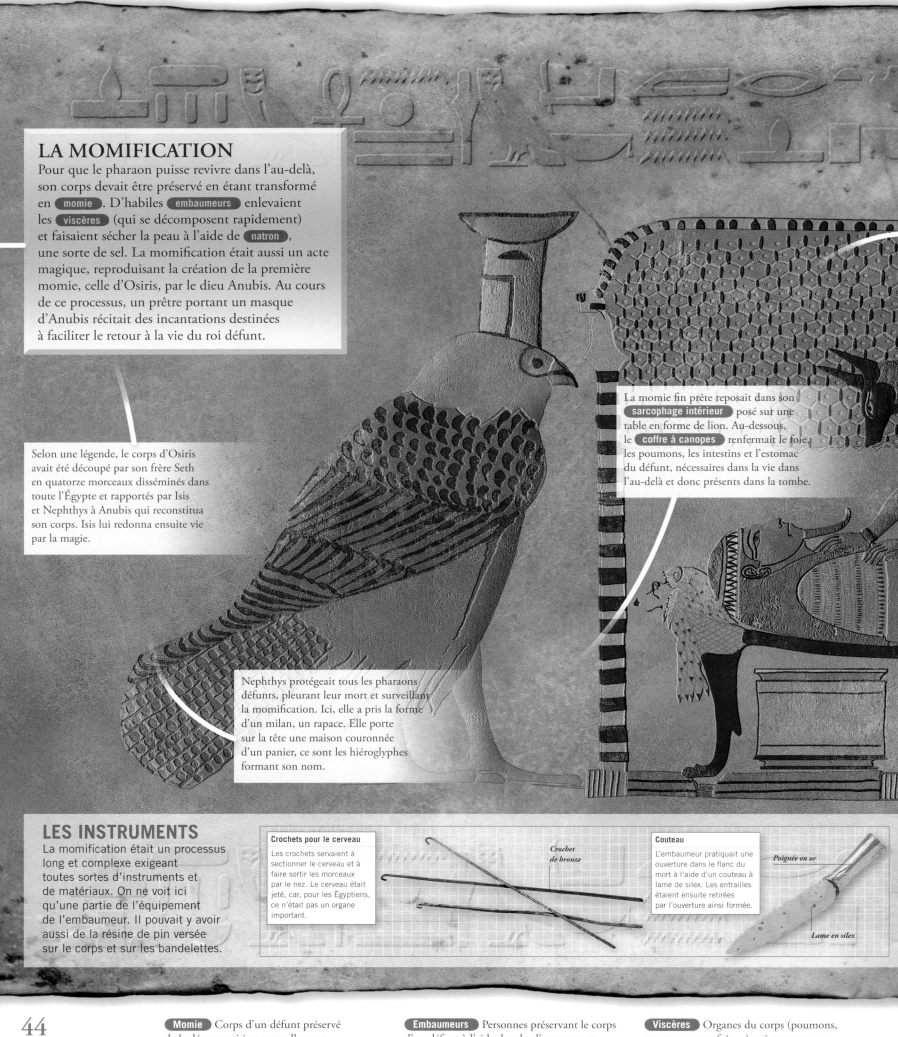

LA MOMIFICATION

Pour que le pharaon puisse revivre dans l'au-delà, son corps devait être préservé en étant transformé en momie. D'habiles embaumeurs enlevaient les viscères (qui se décomposent rapidement) et faisaient sécher la peau à l'aide de natron, une sorte de sel. La momification était aussi un acte magique, reproduisant la création de la première momie, celle d'Osiris, par le dieu Anubis. Au cours de ce processus, un prêtre portant un masque d'Anubis récitait des incantations destinées à faciliter le retour à la vie du roi défunt.

Selon une légende, le corps d'Osiris avait été découpé par son frère Seth en quatorze morceaux disséminés dans toute l'Égypte et rapportés par Isis et Nephthys à Anubis qui reconstitua son corps. Isis lui redonna ensuite vie par la magie.

La momie fin prête reposait dans son sarcophage intérieur posé sur une table en forme de lion. Au-dessous, le coffre à canopes renfermait le foie, les poumons, les intestins et l'estomac du défunt, nécessaires dans la vie dans l'au-delà et donc présents dans la tombe.

Nephthys protégeait tous les pharaons défunts, pleurant leur mort et surveillant la momification. Ici, elle a pris la forme d'un milan, un rapace. Elle porte sur la tête une maison couronnée d'un panier, ce sont les hiéroglyphes formant son nom.

LES INSTRUMENTS

La momification était un processus long et complexe exigeant toutes sortes d'instruments et de matériaux. On ne voit ici qu'une partie de l'équipement de l'embaumeur. Il pouvait y avoir aussi de la résine de pin versée sur le corps et sur les bandelettes.

Crochets pour le cerveau
Les crochets servaient à sectionner le cerveau et à faire sortir les morceaux par le nez. Le cerveau était jeté, car, pour les Égyptiens, ce n'était pas un organe important.

Crochet de bronze

Couteau
L'embaumeur pratiquait une ouverture dans le flanc du mort à l'aide d'un couteau à lame de silex. Les entrailles étaient ensuite retirées par l'ouverture ainsi formée.

Poignée en or

Lame en silex

Momie Corps d'un défunt préservé de la décomposition naturellement ou artificiellement.

Embaumeurs Personnes préservant le corps d'un défunt à l'aide de sels, d'onguents et, de nos jours, de produits chimiques.

Viscères Organes du corps (poumons, estomac, cœur, foie…) qui exercent une fonction spécifique.

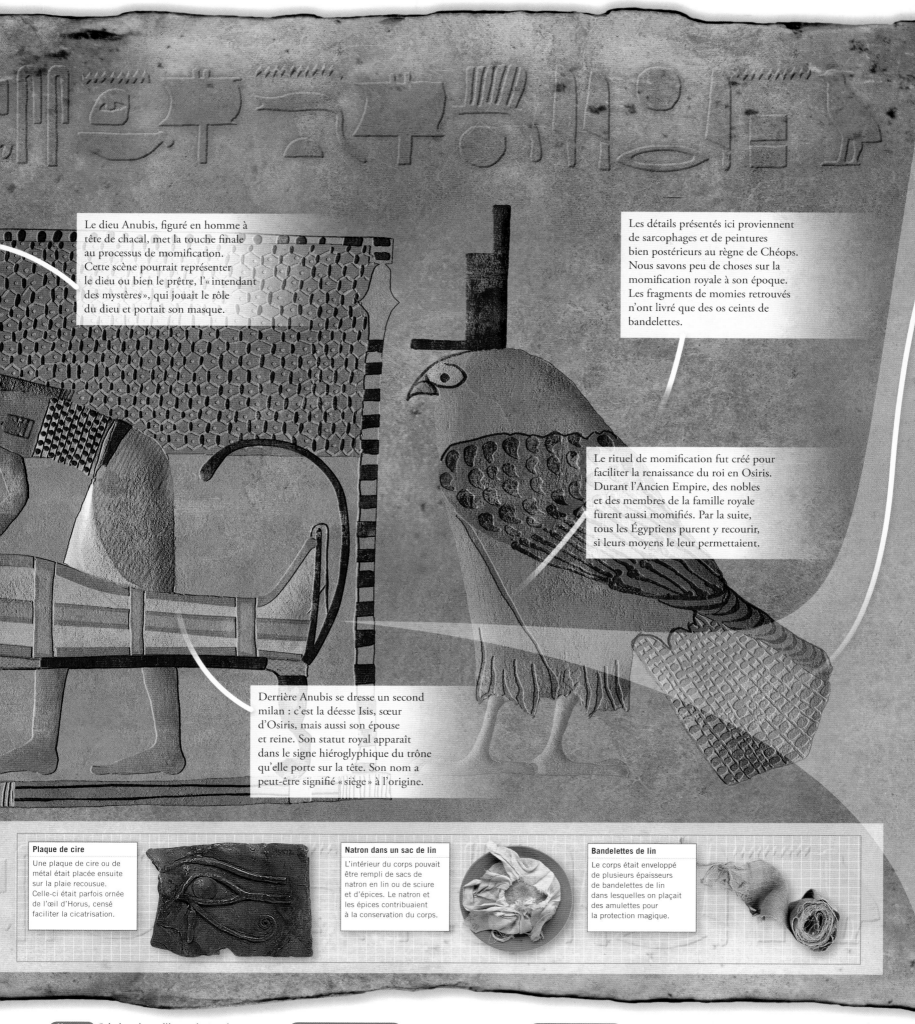

Le dieu Anubis, figuré en homme à tête de chacal, met la touche finale au processus de momification. Cette scène pourrait représenter le dieu ou bien le prêtre, l'« intendant des mystères », qui jouait le rôle du dieu et portait son masque.

Les détails présentés ici proviennent de sarcophages et de peintures bien postérieurs au règne de Chéops. Nous savons peu de choses sur la momification royale à son époque. Les fragments de momies retrouvés n'ont livré que des os ceints de bandelettes.

Le rituel de momification fut créé pour faciliter la renaissance du roi en Osiris. Durant l'Ancien Empire, des nobles et des membres de la famille royale furent aussi momifiés. Par la suite, tous les Égyptiens purent y recourir, si leurs moyens le leur permettaient.

Derrière Anubis se dresse un second milan : c'est la déesse Isis, sœur d'Osiris, mais aussi son épouse et reine. Son statut royal apparaît dans le signe hiéroglyphique du trône qu'elle porte sur la tête. Son nom a peut-être signifié « siège » à l'origine.

Plaque de cire
Une plaque de cire ou de métal était placée ensuite sur la plaie recousue. Celle-ci était parfois ornée de l'œil d'Horus, censé faciliter la cicatrisation.

Natron dans un sac de lin
L'intérieur du corps pouvait être rempli de sacs de natron en lin ou de sciure et d'épices. Le natron et les épices contribuaient à la conservation du corps.

Bandelettes de lin
Le corps était enveloppé de plusieurs épaisseurs de bandelettes de lin dans lesquelles on plaçait des amulettes pour la protection magique.

Natron Sel absorbant l'humidité utilisé dans l'Égypte ancienne pour dessécher le corps. Ce sel provient de lits asséchés de lacs.

Sarcophage intérieur Cercueil contenant une momie. D'abord rectangulaires, ils prirent, par la suite, la forme de momies.

Coffre à canopes Boîte à quatre parties destinées aux organes embaumés. Par la suite, ces organes furent placés dans des vases canopes.

UNE MOMIE TRANSPARENTE EN 3 D

Par le passé, la seule façon d'examiner une momie était de lui enlever ses bandelettes, ce qui entraînait généralement sa destruction. De nos jours, les égyptologues ont recours à des (tomographies) pour regarder à l'intérieur de la momie sans même ouvrir son sarcophage intérieur. Il s'agit ici de la momie d'un homme mort vers 800 av. J.-C. Ses dents révèlent qu'il était âgé de 40 ans environ. Les inscriptions sur le sarcophage nous apprennent qu'il s'agissait de Nesperennoub, un prêtre du temple de Karnak.

La tomographie révèle la présence d'un bol en argile derrière la tête de la momie, sans doute destiné à recueillir la (résine) utilisée pour enduire la peau du défunt. Peut-être le bol fut-il laissé trop longtemps, et la résine le colla définitivement à la tête du défunt.

Les globes oculaires de la momie contenaient des yeux artificiels, sans doute en pierre ou en verre. Les yeux humains ne pouvaient être préservés par la momification. Les dégâts autour du nez montrent l'endroit où le cerveau fut retiré à l'aide de crochets en métal.

Le sarcophage intérieur en forme de momie offre un portrait de Nesperennoub sous les traits d'un jeune homme à l'expression paisible coiffé d'une longue perruque brune. Il s'agit d'un portrait (idéalisé) qui ne présentait sans doute guère de ressemblance avec son modèle.

Sur le sarcophage intérieur figurent des symboles magiques dont un (scarabée) aux belles ailes peintes qui s'étendent sur le buste de Nesperennoub. Le scarabée est un symbole de renaissance, et les ailes étendues constituent un geste protecteur.

(Tomographie) Imagerie utilisant les rayons X dont les résultats sont transmis à un ordinateur qui fournit des images détaillées en coupe.

(Résine) Sève des arbres souvent utilisée dans les vernis. Une fois sèche, elle devient dure et forme une couche protectrice.

(Idéalisé) Rendu parfait.

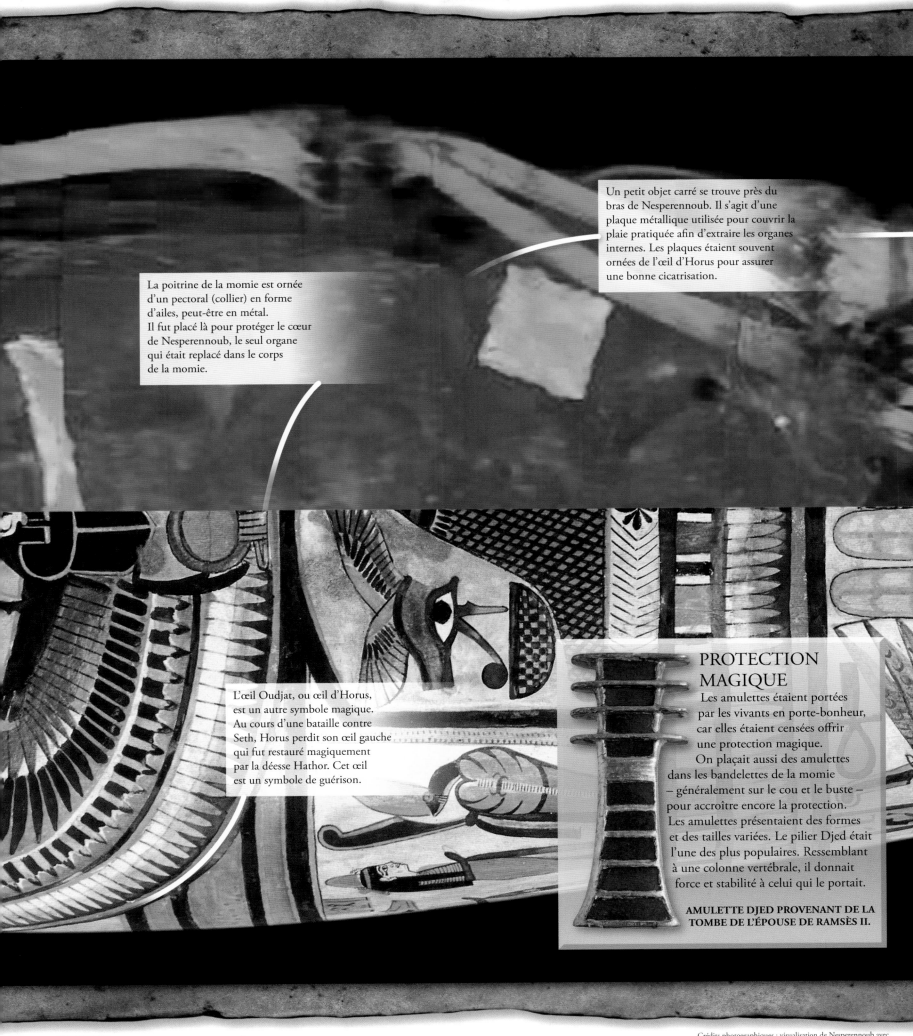

Un petit objet carré se trouve près du bras de Nesperennoub. Il s'agit d'une plaque métallique utilisée pour couvrir la plaie pratiquée afin d'extraire les organes internes. Les plaques étaient souvent ornées de l'œil d'Horus pour assurer une bonne cicatrisation.

La poitrine de la momie est ornée d'un pectoral (collier) en forme d'ailes, peut-être en métal. Il fut placé là pour protéger le cœur de Nesperennoub, le seul organe qui était replacé dans le corps de la momie.

L'œil Oudjat, ou œil d'Horus, est un autre symbole magique. Au cours d'une bataille contre Seth, Horus perdit son œil gauche qui fut restauré magiquement par la déesse Hathor. Cet œil est un symbole de guérison.

PROTECTION MAGIQUE

Les amulettes étaient portées par les vivants en porte-bonheur, car elles étaient censées offrir une protection magique.
On plaçait aussi des amulettes dans les bandelettes de la momie – généralement sur le cou et le buste – pour accroître encore la protection. Les amulettes présentaient des formes et des tailles variées. Le pilier Djed était l'une des plus populaires. Ressemblant à une colonne vertébrale, il donnait force et stabilité à celui qui le portait.

AMULETTE DJED PROVENANT DE LA TOMBE DE L'ÉPOUSE DE RAMSÈS II.

Scarabée Bousier égyptien, mais aussi pierre taillée de cette forme. Dans l'Égypte ancienne, c'était un porte-bonheur.

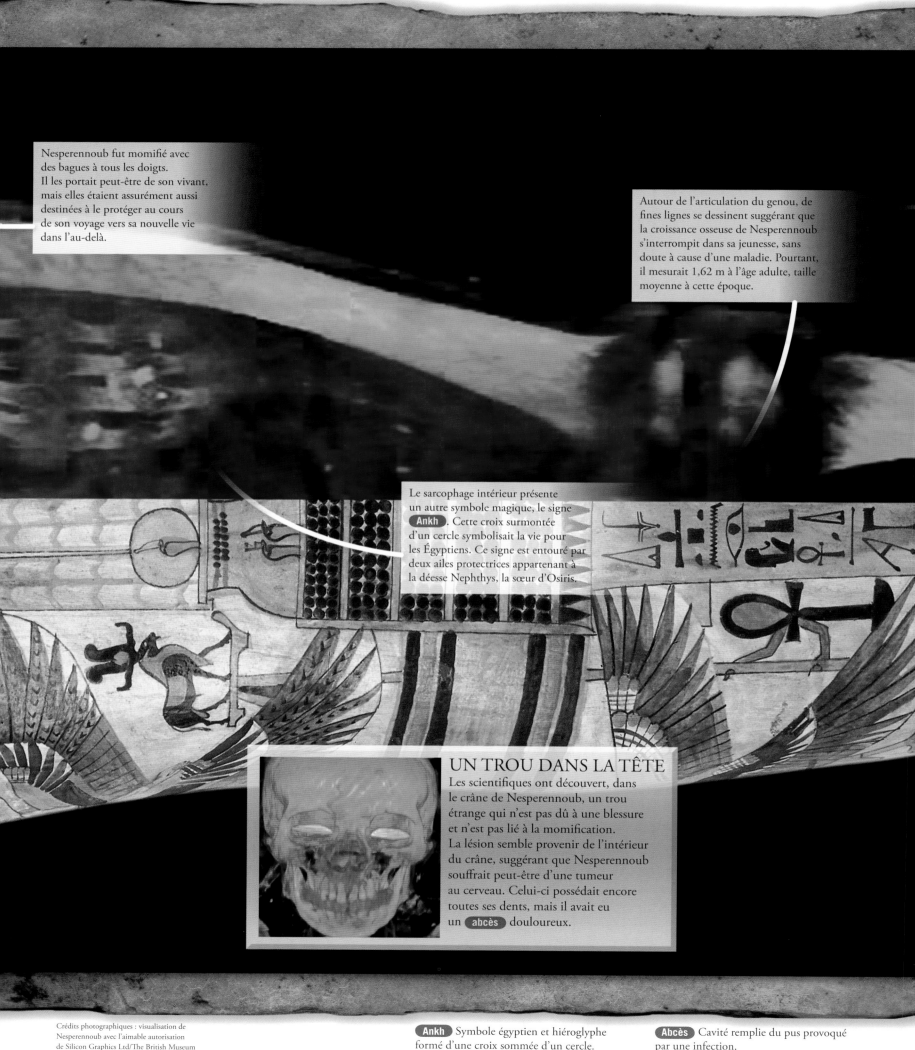

Nesperennoub fut momifié avec des bagues à tous les doigts. Il les portait peut-être de son vivant, mais elles étaient assurément aussi destinées à le protéger au cours de son voyage vers sa nouvelle vie dans l'au-delà.

Autour de l'articulation du genou, de fines lignes se dessinent suggérant que la croissance osseuse de Nesperennoub s'interrompit dans sa jeunesse, sans doute à cause d'une maladie. Pourtant, il mesurait 1,62 m à l'âge adulte, taille moyenne à cette époque.

Le sarcophage intérieur présente un autre symbole magique, le signe **Ankh**. Cette croix surmontée d'un cercle symbolisait la vie pour les Égyptiens. Ce signe est entouré par deux ailes protectrices appartenant à la déesse Nephthys, la sœur d'Osiris.

UN TROU DANS LA TÊTE

Les scientifiques ont découvert, dans le crâne de Nesperennoub, un trou étrange qui n'est pas dû à une blessure et n'est pas lié à la momification. La lésion semble provenir de l'intérieur du crâne, suggérant que Nesperennoub souffrait peut-être d'une tumeur au cerveau. Celui-ci possédait encore toutes ses dents, mais il avait eu un **abcès** douloureux.

Ankh Symbole égyptien et hiéroglyphe formé d'une croix sommée d'un cercle.

Abcès Cavité remplie du pus provoqué par une infection.

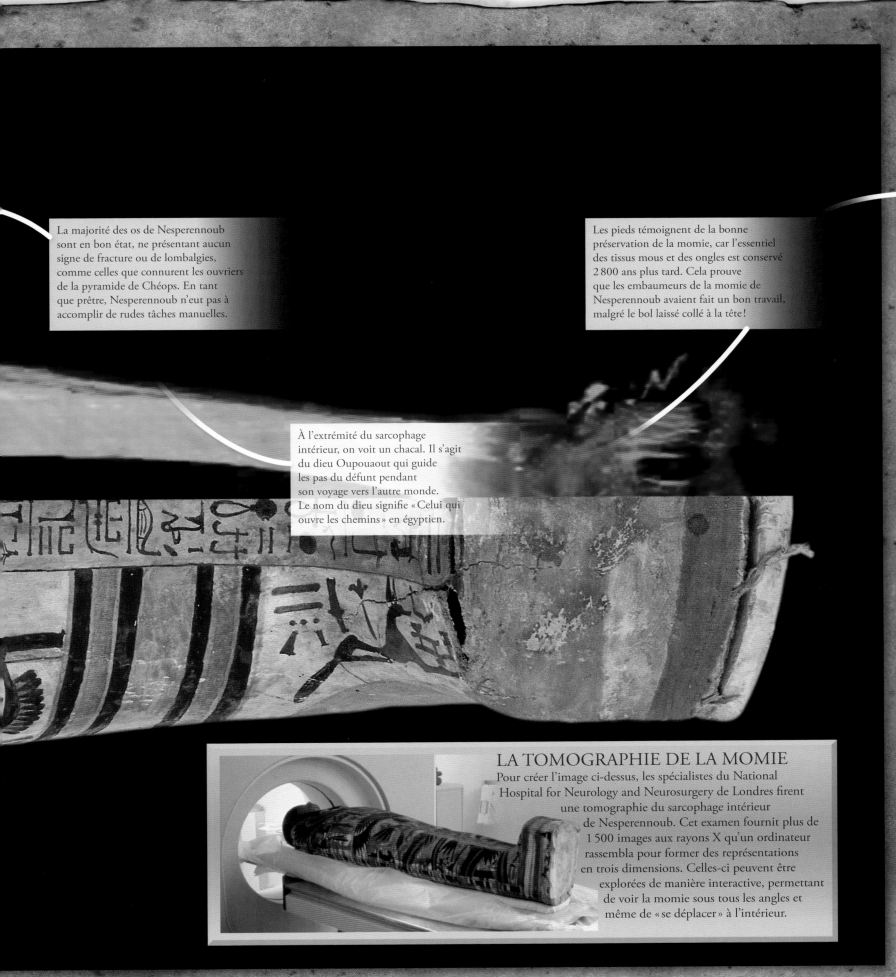

La majorité des os de Nesperennoub sont en bon état, ne présentant aucun signe de fracture ou de lombalgies, comme celles que connurent les ouvriers de la pyramide de Chéops. En tant que prêtre, Nesperennoub n'eut pas à accomplir de rudes tâches manuelles.

Les pieds témoignent de la bonne préservation de la momie, car l'essentiel des tissus mous et des ongles est conservé 2 800 ans plus tard. Cela prouve que les embaumeurs de la momie de Nesperennoub avaient fait un bon travail, malgré le bol laissé collé à la tête !

À l'extrémité du sarcophage intérieur, on voit un chacal. Il s'agit du dieu Oupouaout qui guide les pas du défunt pendant son voyage vers l'autre monde. Le nom du dieu signifie «Celui qui ouvre les chemins» en égyptien.

LA TOMOGRAPHIE DE LA MOMIE

Pour créer l'image ci-dessus, les spécialistes du National Hospital for Neurology and Neurosurgery de Londres firent une tomographie du sarcophage intérieur de Nesperennoub. Cet examen fournit plus de 1 500 images aux rayons X qu'un ordinateur rassembla pour former des représentations en trois dimensions. Celles-ci peuvent être explorées de manière interactive, permettant de voir la momie sous tous les angles et même de «se déplacer» à l'intérieur.

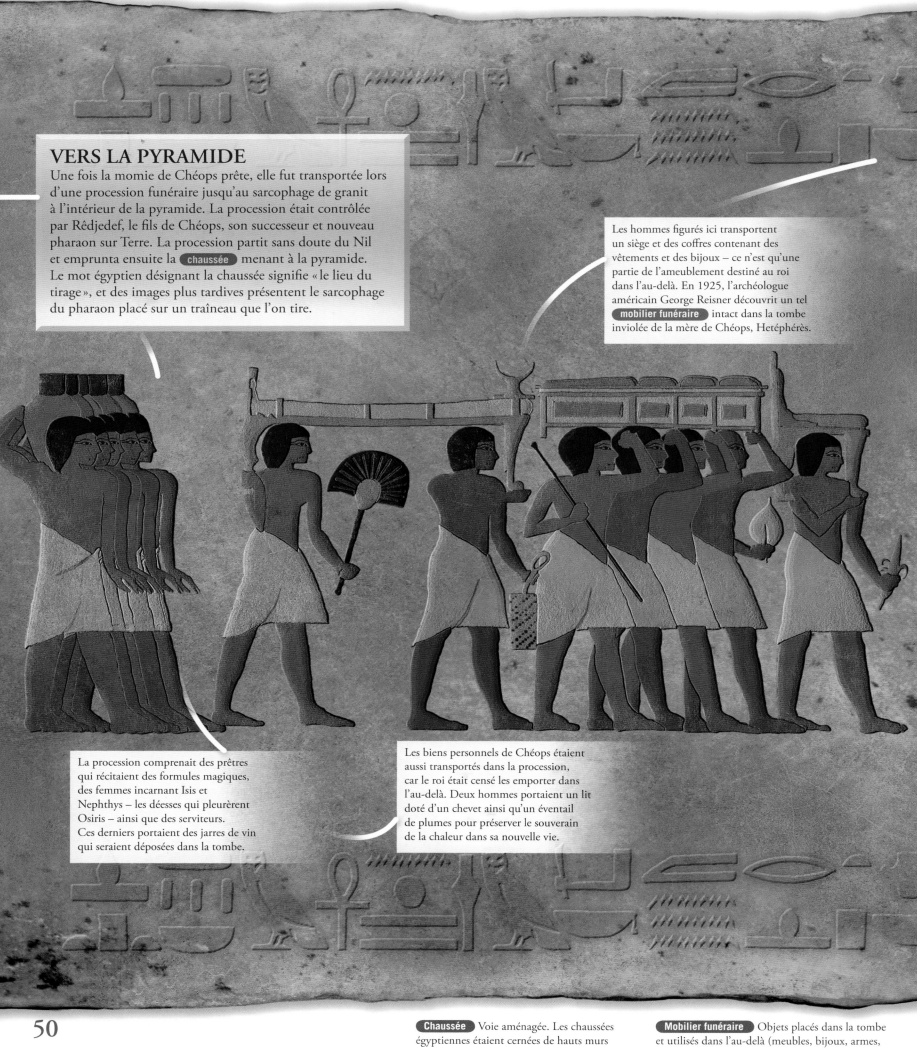

VERS LA PYRAMIDE

Une fois la momie de Chéops prête, elle fut transportée lors d'une procession funéraire jusqu'au sarcophage de granit à l'intérieur de la pyramide. La procession était contrôlée par Rêdjedef, le fils de Chéops, son successeur et nouveau pharaon sur Terre. La procession partit sans doute du Nil et emprunta ensuite la `chaussée` menant à la pyramide. Le mot égyptien désignant la chaussée signifie « le lieu du tirage », et des images plus tardives présentent le sarcophage du pharaon placé sur un traîneau que l'on tire.

Les hommes figurés ici transportent un siège et des coffres contenant des vêtements et des bijoux – ce n'est qu'une partie de l'ameublement destiné au roi dans l'au-delà. En 1925, l'archéologue américain George Reisner découvrit un tel `mobilier funéraire` intact dans la tombe inviolée de la mère de Chéops, Hetéphérès.

La procession comprenait des prêtres qui récitaient des formules magiques, des femmes incarnant Isis et Nephthys – les déesses qui pleurèrent Osiris – ainsi que des serviteurs. Ces derniers portaient des jarres de vin qui seraient déposées dans la tombe.

Les biens personnels de Chéops étaient aussi transportés dans la procession, car le roi était censé les emporter dans l'au-delà. Deux hommes portaient un lit doté d'un chevet ainsi qu'un éventail de plumes pour préserver le souverain de la chaleur dans sa nouvelle vie.

50

Chaussée Voie aménagée. Les chaussées égyptiennes étaient cernées de hauts murs et parfois couvertes d'un toit.

Mobilier funéraire Objets placés dans la tombe et utilisés dans l'au-delà (meubles, bijoux, armes, barques et même des figurines de serviteurs).

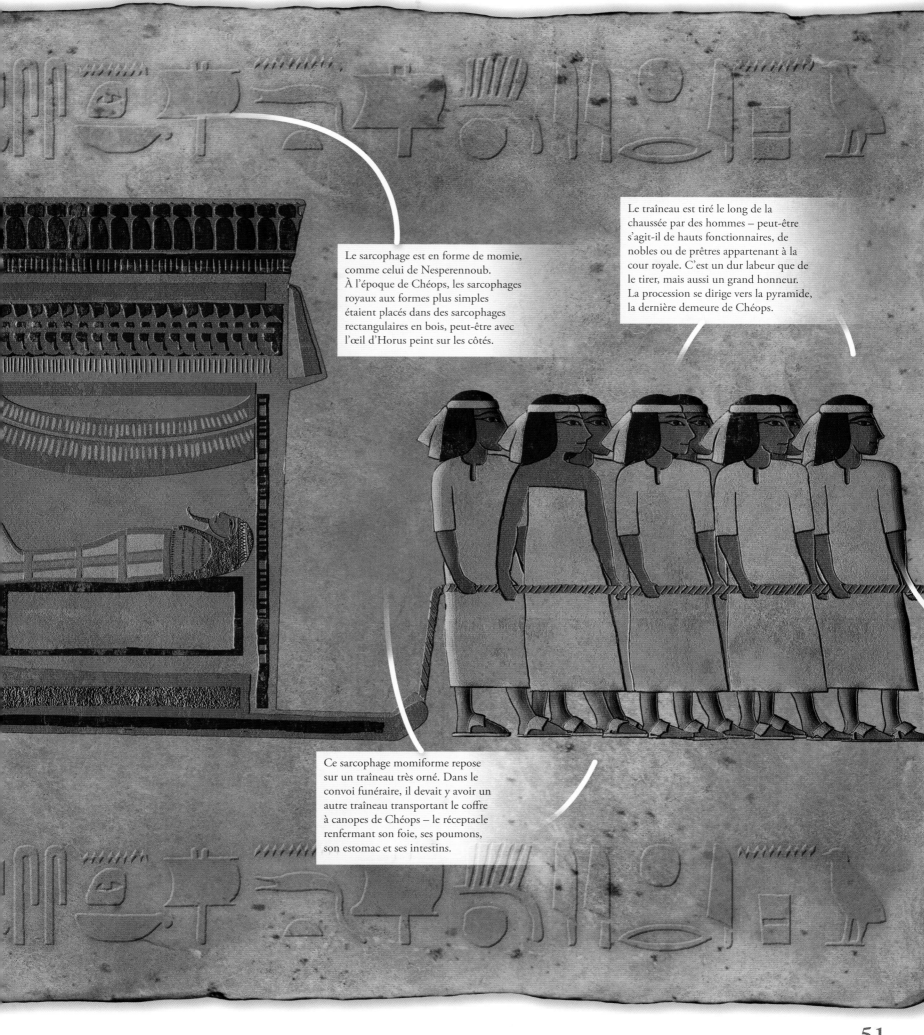

Le sarcophage est en forme de momie, comme celui de Nesperennoub. À l'époque de Chéops, les sarcophages royaux aux formes plus simples étaient placés dans des sarcophages rectangulaires en bois, peut-être avec l'œil d'Horus peint sur les côtés.

Le traîneau est tiré le long de la chaussée par des hommes – peut-être s'agit-il de hauts fonctionnaires, de nobles ou de prêtres appartenant à la cour royale. C'est un dur labeur que de le tirer, mais aussi un grand honneur. La procession se dirige vers la pyramide, la dernière demeure de Chéops.

Ce sarcophage momiforme repose sur un traîneau très orné. Dans le convoi funéraire, il devait y avoir un autre traîneau transportant le coffre à canopes de Chéops – le réceptacle renfermant son foie, ses poumons, son estomac et ses intestins.

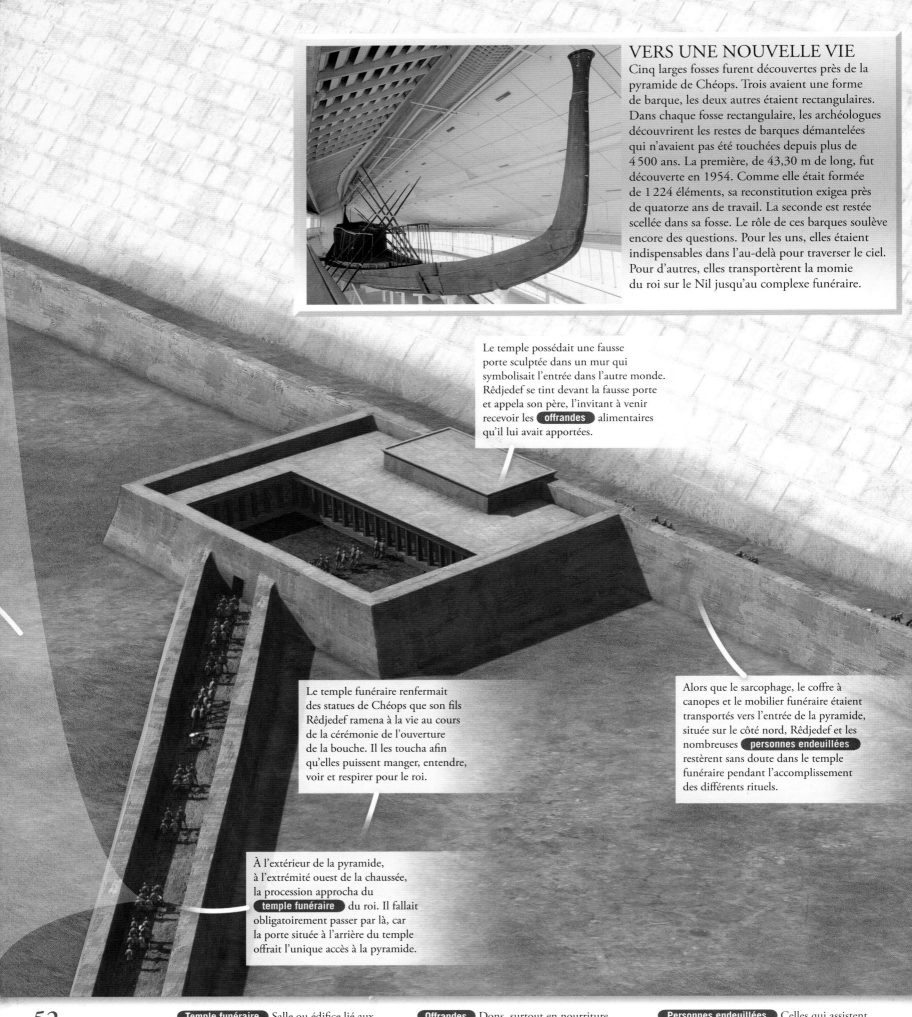

VERS UNE NOUVELLE VIE

Cinq larges fosses furent découvertes près de la pyramide de Chéops. Trois avaient une forme de barque, les deux autres étaient rectangulaires. Dans chaque fosse rectangulaire, les archéologues découvrirent les restes de barques démantelées qui n'avaient pas été touchées depuis plus de 4 500 ans. La première, de 43,30 m de long, fut découverte en 1954. Comme elle était formée de 1 224 éléments, sa reconstitution exigea près de quatorze ans de travail. La seconde est restée scellée dans sa fosse. Le rôle de ces barques soulève encore des questions. Pour les uns, elles étaient indispensables dans l'au-delà pour traverser le ciel. Pour d'autres, elles transportèrent la momie du roi sur le Nil jusqu'au complexe funéraire.

Le temple possédait une fausse porte sculptée dans un mur qui symbolisait l'entrée dans l'autre monde. Rêdjedef se tint devant la fausse porte et appela son père, l'invitant à venir recevoir les **offrandes** alimentaires qu'il lui avait apportées.

Le temple funéraire renfermait des statues de Chéops que son fils Rêdjedef ramena à la vie au cours de la cérémonie de l'ouverture de la bouche. Il les toucha afin qu'elles puissent manger, entendre, voir et respirer pour le roi.

Alors que le sarcophage, le coffre à canopes et le mobilier funéraire étaient transportés vers l'entrée de la pyramide, située sur le côté nord, Rêdjedef et les nombreuses **personnes endeuillées** restèrent sans doute dans le temple funéraire pendant l'accomplissement des différents rituels.

À l'extérieur de la pyramide, à l'extrémité ouest de la chaussée, la procession approcha du **temple funéraire** du roi. Il fallait obligatoirement passer par là, car la porte située à l'arrière du temple offrait l'unique accès à la pyramide.

52

Temple funéraire Salle ou édifice lié aux funérailles.

Offrandes Dons, surtout en nourriture, destinés aux dieux et aux pharaons défunts dans leurs temples.

Personnes endeuillées Celles qui assistent aux funérailles (prêtres, famille et courtisans).

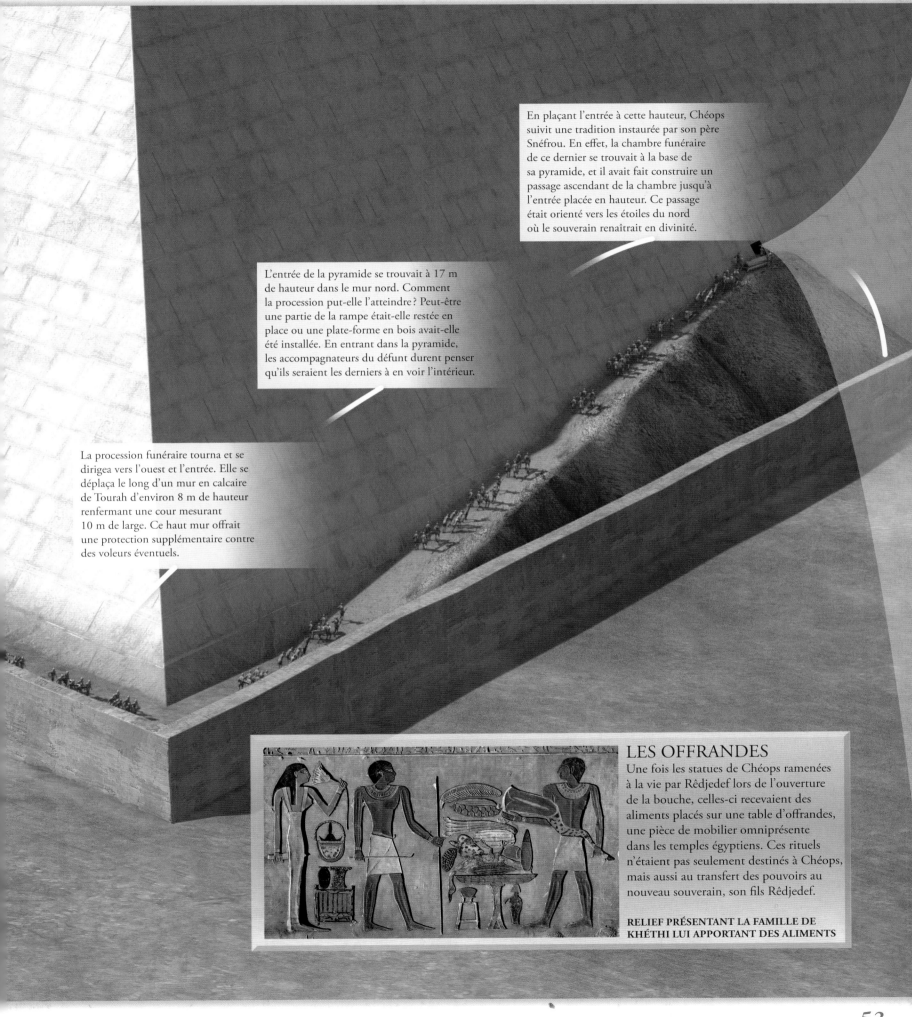

En plaçant l'entrée à cette hauteur, Chéops suivit une tradition instaurée par son père Snéfrou. En effet, la chambre funéraire de ce dernier se trouvait à la base de sa pyramide, et il avait fait construire un passage ascendant de la chambre jusqu'à l'entrée placée en hauteur. Ce passage était orienté vers les étoiles du nord où le souverain renaîtrait en divinité.

L'entrée de la pyramide se trouvait à 17 m de hauteur dans le mur nord. Comment la procession put-elle l'atteindre? Peut-être une partie de la rampe était-elle restée en place ou une plate-forme en bois avait-elle été installée. En entrant dans la pyramide, les accompagnateurs du défunt durent penser qu'ils seraient les derniers à en voir l'intérieur.

La procession funéraire tourna et se dirigea vers l'ouest et l'entrée. Elle se déplaça le long d'un mur en calcaire de Tourah d'environ 8 m de hauteur renfermant une cour mesurant 10 m de large. Ce haut mur offrait une protection supplémentaire contre des voleurs éventuels.

LES OFFRANDES

Une fois les statues de Chéops ramenées à la vie par Rêdjedef lors de l'ouverture de la bouche, celles-ci recevaient des aliments placés sur une table d'offrandes, une pièce de mobilier omniprésente dans les temples égyptiens. Ces rituels n'étaient pas seulement destinés à Chéops, mais aussi au transfert des pouvoirs au nouveau souverain, son fils Rêdjedef.

RELIEF PRÉSENTANT LA FAMILLE DE KHÉTHI LUI APPORTANT DES ALIMENTS

À l'intérieur de la pyramide, les prêtres et leurs aides tirèrent le sarcophage de bois de Chéops le long de l'étroit passage ascendant menant à la chambre funéraire. Ils portaient des torches pour s'éclairer. Des serviteurs apportèrent les offrandes destinées au roi.

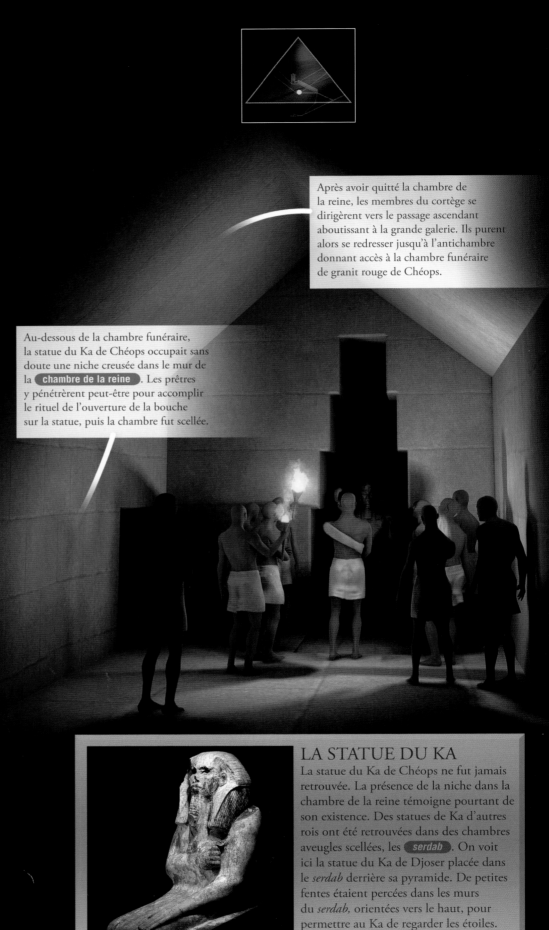

Après avoir quitté la chambre de la reine, les membres du cortège se dirigèrent vers le passage ascendant aboutissant à la grande galerie. Ils purent alors se redresser jusqu'à l'antichambre donnant accès à la chambre funéraire de granit rouge de Chéops.

Au-dessous de la chambre funéraire, la statue du Ka de Chéops occupait sans doute une niche creusée dans le mur de la **chambre de la reine**. Les prêtres y pénétrèrent peut-être pour accomplir le rituel de l'ouverture de la bouche sur la statue, puis la chambre fut scellée.

LA STATUE DU KA

La statue du Ka de Chéops ne fut jamais retrouvée. La présence de la niche dans la chambre de la reine témoigne pourtant de son existence. Des statues de Ka d'autres rois ont été retrouvées dans des chambres aveugles scellées, les **serdab**. On voit ici la statue du Ka de Djoser placée dans le *serdab* derrière sa pyramide. De petites fentes étaient percées dans les murs du *serdab,* orientées vers le haut, pour permettre au Ka de regarder les étoiles.

Chambre de la reine Salle au-dessous de la chambre funéraire de Chéops identifiée jadis, par erreur, comme la chambre de l'épouse royale.

Serdab Ce terme vient d'un mot arabe signifiant cave. Le nom égyptien était *per-tout* (la « maison de la statue »).

La procession quitta alors la chambre.
La majorité des prêtres sortirent de
la pyramide par le chemin emprunté
à l'aller. Quelques-uns restèrent
pour sceller la chambre funéraire
en mettant les herses en place dans
l'antichambre.

Les biens précieux du pharaon,
ceux dont il aurait besoin dans
l'autre monde, furent placés à même
le sol de la chambre. On ne peut
qu'imaginer les merveilles entreposées
là, car les voleurs ont tout emporté.

Le sarcophage intérieur fut placé dans
le sarcophage en granit. Les prêtres
récitèrent des formules magiques qui
aideraient le souverain à renaître en
Osiris et à s'unir à Rê. Le sarcophage
fut ensuite scellé en faisant coulisser
son lourd couvercle.

Les hommes relâchèrent les blocs de
granit placés dans la grande galerie,
qui glissèrent et allèrent s'écraser en bas,
scellant ainsi le passage ascendant.
Alors que le bruit des blocs retentissait
dans la grande galerie, ces hommes
durent trouver une autre sortie.

Il n'y avait qu'une autre issue : un
conduit profond et étroit. Il leur fallut
descendre sur 30 m le long de ce
conduit jusqu'au passage descendant qui
permettait de sortir de la pyramide.
Ce dernier fut ensuite scellé, et la momie
de Chéops resta seule dans son tombeau.

55

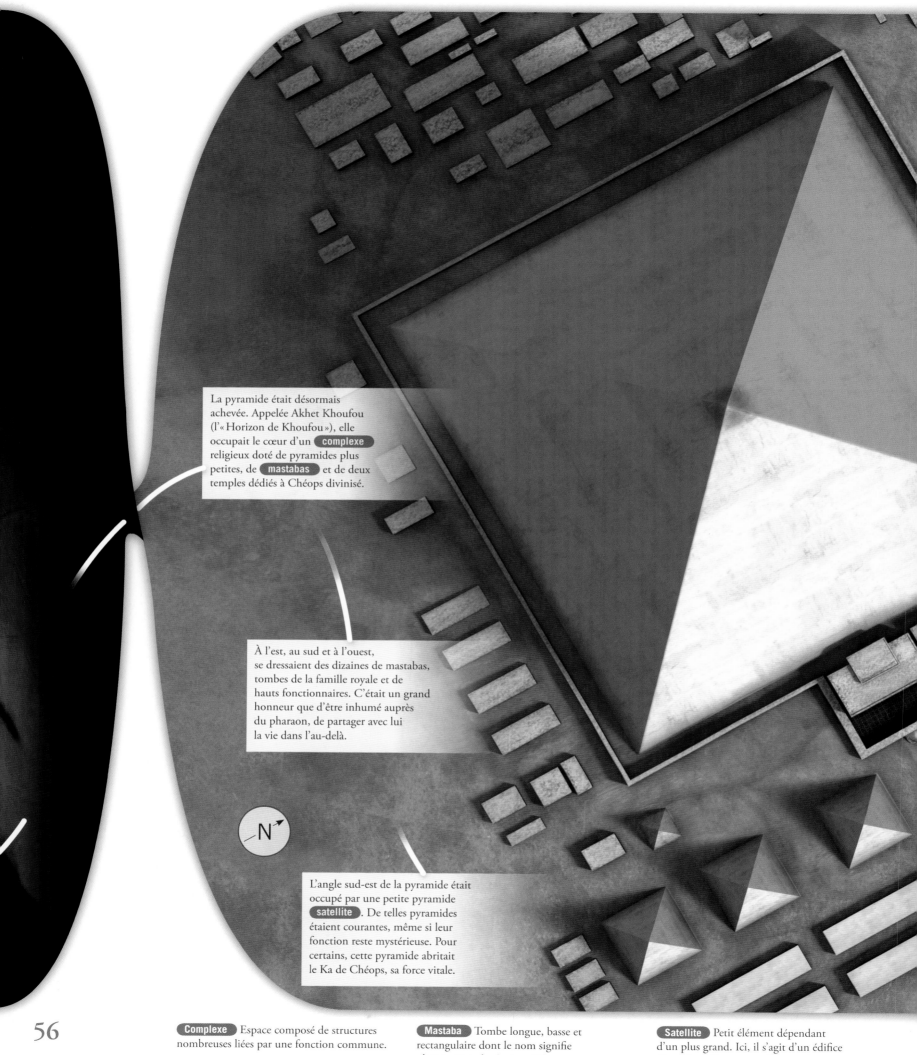

La pyramide était désormais achevée. Appelée Akhet Khoufou (l'«Horizon de Khoufou»), elle occupait le cœur d'un **complexe** religieux doté de pyramides plus petites, de **mastabas** et de deux temples dédiés à Chéops divinisé.

À l'est, au sud et à l'ouest, se dressaient des dizaines de mastabas, tombes de la famille royale et de hauts fonctionnaires. C'était un grand honneur que d'être inhumé auprès du pharaon, de partager avec lui la vie dans l'au-delà.

L'angle sud-est de la pyramide était occupé par une petite pyramide **satellite**. De telles pyramides étaient courantes, même si leur fonction reste mystérieuse. Pour certains, cette pyramide abritait le Ka de Chéops, sa force vitale.

Complexe Espace composé de structures nombreuses liées par une fonction commune.

Mastaba Tombe longue, basse et rectangulaire dont le nom signifie «banc» en arabe (voir p. 10).

Satellite Petit élément dépendant d'un plus grand. Ici, il s'agit d'un édifice dépendant d'un autre, plus grand.

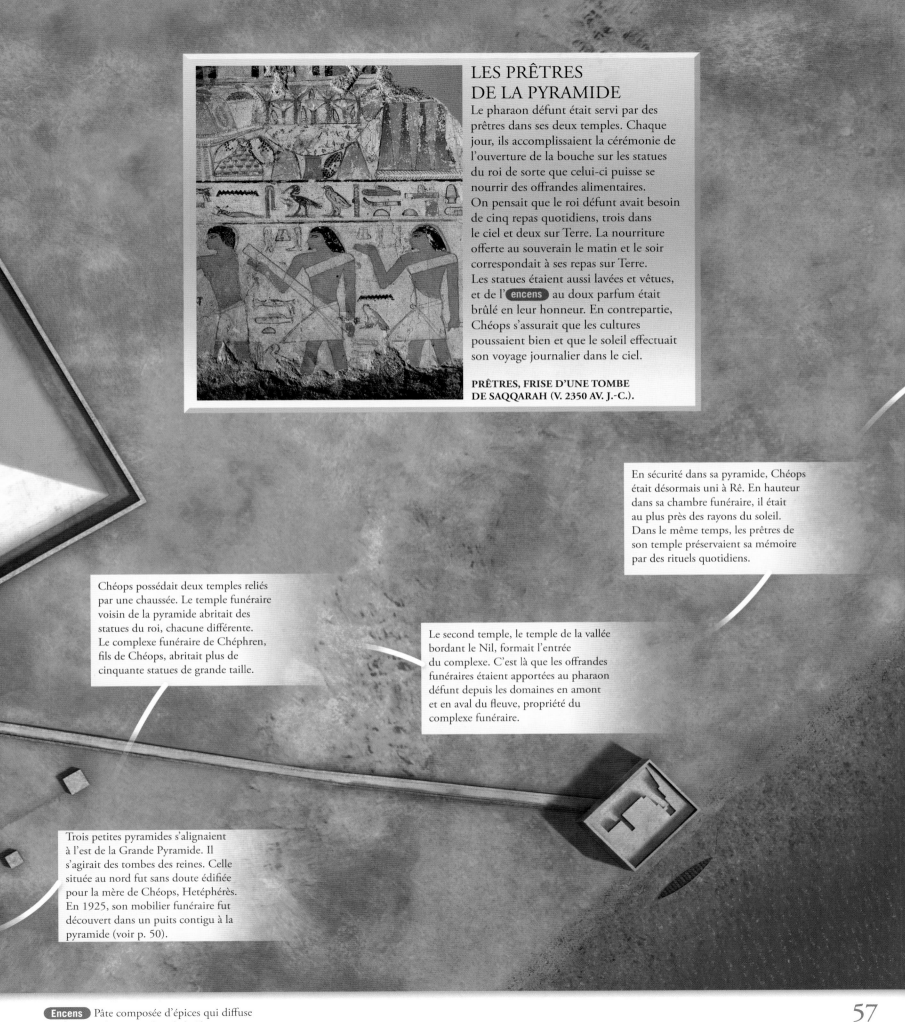

LES PRÊTRES
DE LA PYRAMIDE

Le pharaon défunt était servi par des prêtres dans ses deux temples. Chaque jour, ils accomplissaient la cérémonie de l'ouverture de la bouche sur les statues du roi de sorte que celui-ci puisse se nourrir des offrandes alimentaires. On pensait que le roi défunt avait besoin de cinq repas quotidiens, trois dans le ciel et deux sur Terre. La nourriture offerte au souverain le matin et le soir correspondait à ses repas sur Terre. Les statues étaient aussi lavées et vêtues, et de l'**encens** au doux parfum était brûlé en leur honneur. En contrepartie, Chéops s'assurait que les cultures poussaient bien et que le soleil effectuait son voyage journalier dans le ciel.

PRÊTRES, FRISE D'UNE TOMBE DE SAQQARAH (V. 2350 AV. J.-C.).

En sécurité dans sa pyramide, Chéops était désormais uni à Rê. En hauteur dans sa chambre funéraire, il était au plus près des rayons du soleil. Dans le même temps, les prêtres de son temple préservaient sa mémoire par des rituels quotidiens.

Chéops possédait deux temples reliés par une chaussée. Le temple funéraire voisin de la pyramide abritait des statues du roi, chacune différente. Le complexe funéraire de Chéphren, fils de Chéops, abritait plus de cinquante statues de grande taille.

Le second temple, le temple de la vallée bordant le Nil, formait l'entrée du complexe. C'est là que les offrandes funéraires étaient apportées au pharaon défunt depuis les domaines en amont et en aval du fleuve, propriété du complexe funéraire.

Trois petites pyramides s'alignaient à l'est de la Grande Pyramide. Il s'agirait des tombes des reines. Celle située au nord fut sans doute édifiée pour la mère de Chéops, Hetéphérès. En 1925, son mobilier funéraire fut découvert dans un puits contigu à la pyramide (voir p. 50).

Encens Pâte composée d'épices qui diffuse une bonne odeur quand on la brûle.

« L'un des hommes manqua de peu d'être réduit en miettes. Un large bloc de pierre […] était tombé du sommet alors qu'il creusait. »

Giovanni Battista Belzoni dans Voyage en Égypte et en Nubie (1821) sur les dangers des fouilles dans la pyramide de Chéphren.

EXPLORONS LE PASSÉ

LES FOUILLES DU SITE

RÉVÉLATION DES SECRETS DE LA PYRAMIDE

Malgré toutes les mesures de sécurité prises par Chéops, sa pyramide fut pillée dès l'Antiquité, comme toutes les autres pyramides égyptiennes. Les voleurs furent peut-être même des ouvriers qui travaillèrent sur le chantier, car ils savaient exactement où percer le tunnel pour contourner les blocs scellant le couloir ascendant.

Dévoilée !

Une fois accessible, la pyramide resta ouverte aux visiteurs, peuplée de chauves-souris qui y élisaient domicile depuis des milliers d'années. Les belles pierres de revêtement furent prélevées et servirent de matériau de construction, sans doute pour bâtir la nouvelle ville du Caire fondée en 969.

Ramper à l'intérieur

En 1765, l'Anglais Nathaniel Davison fit les premières découvertes sur le site de la Grande Pyramide. Il trouva une ouverture en hauteur dans le mur de la grande galerie. Après avoir rampé dans des couches de fientes de chauves-souris avec un mouchoir sur le nez, il arriva dans la première pièce de décharge située au-dessus de la chambre funéraire. Cette pièce reste connue comme la « pièce de Davison ».

Ce dernier explora aussi la partie supérieure d'un conduit qu'il appela « puits ». Il le découvrit rempli de pierraille sur une profondeur de 60 m.

« Du haut de ces pyramides, quarante siècles vous contemplent. »

Napoléon Bonaparte s'adressant à ses troupes en Égypte en 1798

D'autres découvertes

Entre 1798 et 1801, l'Égypte fut occupée par l'armée française commandée par Bonaparte, accompagné de 175 savants et géomètres qui étudièrent, notamment, les monuments égyptiens et donc la pyramide de Chéops. En 1817, l'Italien Giovanni Caviglia découvrit la chambre inachevée en sous-sol et dégagea la partie inférieure du conduit, prouvant ainsi qu'il donnait accès au passage descendant. Il découvrit aussi les deux mystérieux conduits de la chambre du roi.

Pénétrer dans les pyramides

En 1818, l'Italien Giovanni Battista Belzoni, ancien Hercule de foire, découvrit l'entrée supérieure de la pyramide de Chéphren, scellée depuis des millénaires. Belzoni constata que la tombe avait été violée et le couvercle du sarcophage brisé en deux. En 1837, Richard Vyse, officier de l'armée britannique, utilisa de la poudre à canon pour ouvrir un passage au-dessus de la chambre de Davison et découvrit les quatre autres pièces de décharge. Vyse eut encore recours à la poudre à canon pour les deux autres pyramides. Il alla jusqu'à forer une cavité de 8 m de profondeur dans la partie postérieure du Grand Sphinx en quête d'éventuelles chambres.

Les fouilles archéologiques à Gizeh nécessitèrent une main-d'œuvre importante. Cette photographie des années 1920 présente l'équipe dirigée par l'archéologue américain George Reisner.

Étude scientifique

L'archéologue et égyptologue britannique, William Matthew Flinders Petrie, considéré comme le père de l'archéologie égyptienne, fut le premier à fouiller à Gizeh avec des méthodes scientifiques. Dans les années 1880, il mena une étude détaillée sur l'ensemble du plateau de Gizeh, y compris la Grande Pyramide, dont il mesura avec soin les dimensions des passages et des chambres. Petrie était si dévoué à son travail qu'il dormait dans une tombe rupestre pour être plus près du site de fouilles et, du fait de l'extrême chaleur, ne portait que des sous-vêtements.

Au cours de sa longue histoire, le Grand Sphinx fut recouvert de sable à plusieurs reprises, comme en témoigne cette vieille photographie. Le plus récent dégagement date de 1905.

Des progrès rapides

Au fil du XXᵉ siècle, Petrie fut suivi par de nombreux autres archéologues dont l'Américain George Reisner qui, en 1925, trouva la tombe de la mère de Chéops, la reine Hetéphérès. La découverte d'une tombe intacte était aussi exceptionnelle qu'enthousiasmante. Celle-ci contenait un sarcophage scellé que Reisner ouvrit devant un parterre d'invités en mars 1927, mais, à son grand étonnement, celui-ci était vide. Vers 1950, des archéologues égyptiens travaillèrent aussi à Gizeh. Ce fut un Égyptien, Kamal el-Mallakh, qui découvrit, en 1954, deux fosses à barque intactes de Chéops. Depuis 1990, l'Égyptien Zahi Hawass et l'Américain Mark Lehner travaillent sur

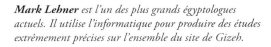

Mark Lehner est l'un des plus grands égyptologues actuels. Il utilise l'informatique pour produire des études extrêmement précises sur l'ensemble du site de Gizeh.

le plateau de Gizeh. Ils ont mis au jour l'endroit où les ouvriers préparaient leur nourriture ainsi que la nécropole qui leur était réservée.

Les pyramides : une incroyable fascination

Malgré toutes nos connaissances, certains refusent encore d'accepter l'idée que les pyramides étaient les tombes des pharaons. Des livres et des sites Internet affirment qu'elles furent élevées par des extraterrestres ou par les membres d'une civilisation disparue. Zahi Hawass raconte qu'on peut gagner beaucoup d'argent grâce aux pyramides, qu'il suffit d'avoir une idée saugrenue et d'écrire un livre dessus !

La pierre de Rosette

Cette stèle de basalte noir fut découverte par un officier français à Rosette en 1799. Elle était gravée en grec, en hiéroglyphes et en démotique. La comparaison des différentes traductions du même texte permit à Jean-François Champollion de déchiffrer les hiéroglyphes en 1824. *Le démotique* apparut comme une simplification des hiéroglyphes.

Les hiéroglyphes servaient à transcrire les textes religieux dans l'Égypte ancienne.

Le grec ancien fut utilisé en Égypte après la conquête grecque.

LE GRAND SPHINX

La zone sud-ouest de la grande pyramide de Chéops est occupée par deux pyramides plus modestes édifiées pour Chéphren et Mykérinos, ses fils et petit-fils. Chéphren fut aussi à l'origine d'une sculpture gigantesque à corps de lion et à tête de pharaon, coiffé du (némès) royal. Elle est connue sous le nom de Grand Sphinx, nom grec donné à une créature mythique mi-humaine et mi-animale. Mais que pensaient les Égyptiens de l'Antiquité de cette statue? Et pourquoi Chéphren choisit-il de l'élever? Ces questions sont débattues depuis des siècles.

Le Grand Sphinx se trouve devant la pyramide de Chéphren (visible ici à l'arrière-plan). Même si elle est plus petite que celle de Chéops, elle semble de même taille, car Chéphren avait choisi – très astucieusement – un terrain surélevé pour son édification.

Les traits du Sphinx correspondent à ceux des statues grandeur nature de Chéphren caractérisés par de grandes joues et des oreilles saillantes. Le Sphinx fut donc peut-être un portrait réalisé à la gloire du souverain.

Le Grand Sphinx se dresse près de la chaussée reliant la pyramide de Chéphren à son temple de la Vallée. C'est là un indice important pour l'attribuer plutôt à ce souverain. Les ouvriers commencèrent par creuser une tranchée en forme de U pour enlever le sable et les roches afin d'exposer l'éperon calcaire qui fut ensuite sculpté.

Le Grand Sphinx fut sculpté dans un (éperon) rocheux présent dans les carrières de calcaire. Il mesure un peu plus de 72 m de longueur et 20 m de hauteur. C'était la plus grande sculpture jamais créée en Égypte qui ne fut surpassée qu'un millénaire plus tard.

(Némès) Linge à rayures coiffant uniquement le pharaon.

(Éperon) (ici) Relief saillant formé dans les anciennes carrières.

LA LÉGENDE DE THOUTMOSIS

Entre les pattes du Sphinx se trouvait une **stèle** de granit placée là par Thoutmosis IV vers 1400 av. J.-C. Dans l'inscription, Thoutmosis expliquait comment, encore jeune prince, il était parti chasser à Gizeh et s'était endormi à l'ombre du Sphinx. À l'époque, ce dernier était en partie enterré dans le sable. Le Sphinx lui apparut en rêve et lui promit le trône d'Égypte s'il le dégageait du sable. Thoutmosis s'exécuta et devint roi. Les représentations figurées sur la stèle présentent le pharaon reconnaissant adorant le Sphinx.

STÈLE DE THOUTMOSIS IV

Le nom égyptien de Chéphren, Khafrê, signifie «apparaissant comme Rê». Durant son règne, Chéphren adopta le titre de *sa Ra*, «fils de Rê». Orienté vers l'est et le soleil levant, le Sphinx représenterait Chéphren recevant les rayons de vie du soleil renaissant.

Contrairement à son frère Rêdjedef dont la pyramide s'élevait au nord de Gizeh, Chéphren fit bâtir la sienne à côté de la Grande Pyramide. Chéphren éprouvait sans doute une grande admiration pour son père puisqu'il choisit d'être à ses côtés pour l'éternité.

Les lions représentent souvent la force et la royauté. L'égyptologue Mark Lehner a fait une étude approfondie du Grand Sphinx. Selon lui, l'alliance d'un corps de lion et d'une tête royale symbolisait la puissance régie par la sagesse du pharaon.

Avec le temps, la sculpture s'usa et subit des dommages – à une époque, elle perdit même son nez. Elle a été restaurée à de nombreuses reprises, et ses parties latérales forment désormais des mosaïques de blocs de pierre ajoutés au fil des millénaires.

Dans l'Égypte ancienne, le lion était aussi le gardien des lieux sacrés. Chéphren put donc le faire élever pour protéger sa pyramide se trouvant juste derrière la statue. Sa monumentalité terrifiante était censée effrayer les voleurs potentiels.

Stèle Dalle de pierre sculptée ou portant une inscription.

LE MOBILIER FUNÉRAIRE

Toutes les pyramides furent pillées dans l'Antiquité, nous ignorons donc leur contenu exact. Par chance, des archéologues ont découvert de rares tombes intactes. Certaines des trouvailles les plus spectaculaires se situaient dans la tombe secrète d'Hetéphérès, la mère de Chéops. Cette dernière fut inhumée dans une chambre souterraine contiguë à la Grande Pyramide qui recélait non seulement des bijoux et des poteries superbes, mais aussi le plus ancien mobilier connu à ce jour.

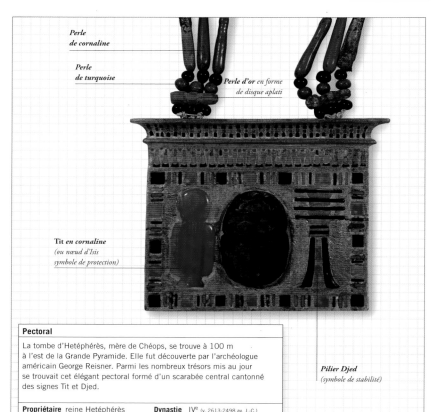

Perle de cornaline

Perle de turquoise

Perle d'or en forme de disque aplati

Tit en cornaline (ou nœud d'Isis symbole de protection)

Pilier Djed (symbole de stabilité)

Pectoral

La tombe d'Hetéphérès, mère de Chéops, se trouve à 100 m à l'est de la Grande Pyramide. Elle fut découverte par l'archéologue américain George Reisner. Parmi les nombreux trésors mis au jour se trouvait cet élégant pectoral formé d'un scarabée central cantonné des signes Tit et Djed.

Propriétaire reine Hetéphérès	**Dynastie**	IVᵉ (v. 2613-2498 av. J.-C.)
Matériaux or, turquoise, lapis-lazuli, cornaline	**Découvert à**	Gizeh
	Découvert en	1925

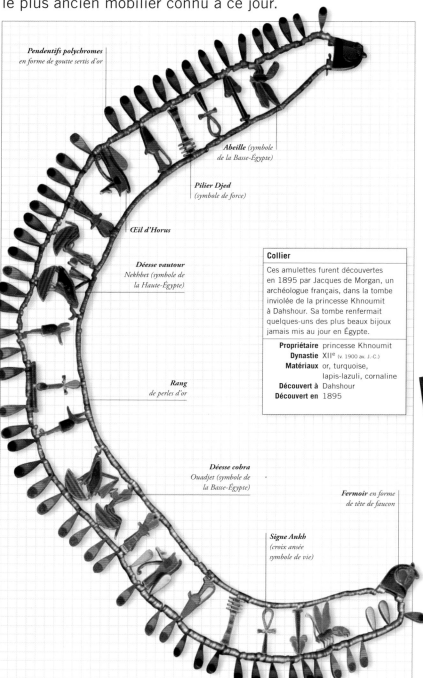

Pendentifs polychromes en forme de goutte sertis d'or

Abeille (symbole de la Basse-Égypte)

Pilier Djed (symbole de force)

Œil d'Horus

Déesse vautour Nekhbet (symbole de la Haute-Égypte)

Rang de perles d'or

Déesse cobra Ouadjet (symbole de la Basse-Égypte)

Fermoir en forme de tête de faucon

Signe Ankh (croix ansée symbole de vie)

Collier

Ces amulettes furent découvertes en 1895 par Jacques de Morgan, un archéologue français, dans la tombe inviolée de la princesse Khnoumit à Dahshour. Sa tombe renfermait quelques-uns des plus beaux bijoux jamais mis au jour en Égypte.

Propriétaire	princesse Khnoumit
Dynastie	XIIᵉ (v. 1900 av. J.-C.)
Matériaux	or, turquoise, lapis-lazuli, cornaline
Découvert à	Dahshour
Découvert en	1895

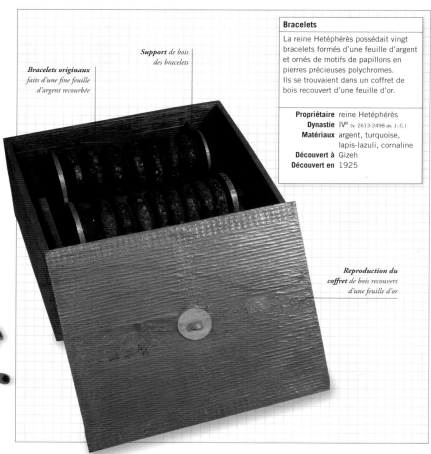

Bracelets originaux faits d'une fine feuille d'argent recourbée

Support de bois des bracelets

Reproduction du coffret de bois recouvert d'une feuille d'or

Bracelets

La reine Hetéphérès possédait vingt bracelets formés d'une feuille d'argent et ornés de motifs de papillons en pierres précieuses polychromes. Ils se trouvaient dans un coffret de bois recouvert d'une feuille d'or.

Propriétaire	reine Hetéphérès
Dynastie	IVᵉ (v. 2613-2498 av. J.-C.)
Matériaux	argent, turquoise, lapis-lazuli, cornaline
Découvert à	Gizeh
Découvert en	1925

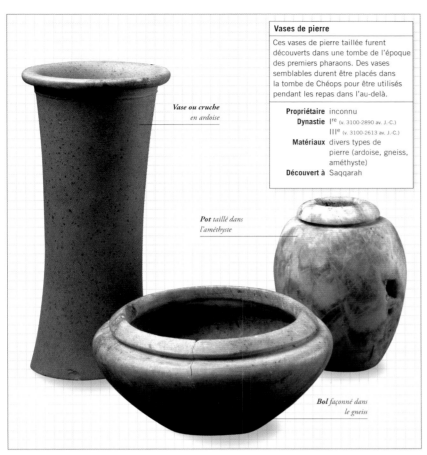

Vase ou cruche
en ardoise

Pot *taillé dans*
l'améthyste

Bol *façonné dans*
le gneiss

Vases de pierre

Ces vases de pierre taillée furent
découverts dans une tombe de l'époque
des premiers pharaons. Des vases
semblables durent être placés dans
la tombe de Chéops pour être utilisés
pendant les repas dans l'au-delà.

Propriétaire	inconnu
Dynastie	Iʳᵉ (v. 3100-2890 av. J.-C.)
	IIIᵉ (v. 3100-2613 av. J.-C.)
Matériaux	divers types de pierre (ardoise, gneiss, améthyste)
Découvert à	Saqqarah

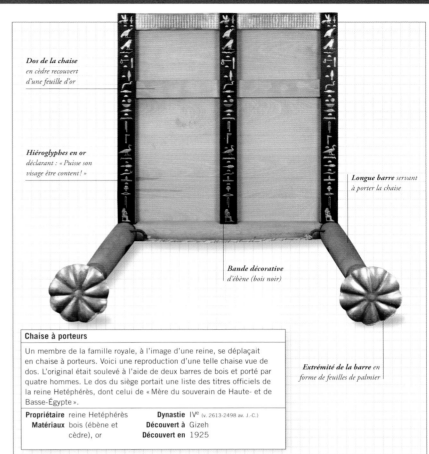

Dos de la chaise
en cèdre recouvert
d'une feuille d'or

Hiéroglyphes en or
déclarant : « Puisse son
visage être content ! »

Longue barre *servant*
à porter la chaise

Bande décorative
d'ébène (bois noir)

Extrémité de la barre *en*
forme de feuilles de palmier

Chaise à porteurs

Un membre de la famille royale, à l'image d'une reine, se déplaçait
en chaise à porteurs. Voici une reproduction d'une telle chaise vue de
dos. L'original était soulevé à l'aide de deux barres de bois et porté par
quatre hommes. Le dos du siège portait une liste des titres officiels de
la reine Hetéphérès, dont celui de « Mère du souverain de Haute- et de
Basse-Égypte ».

Propriétaire	reine Hetéphérès	**Dynastie** IVᵉ (v. 2613-2498 av. J.-C.)
Matériaux	bois (ébène et cèdre), or	**Découvert à** Gizeh
		Découvert en 1925

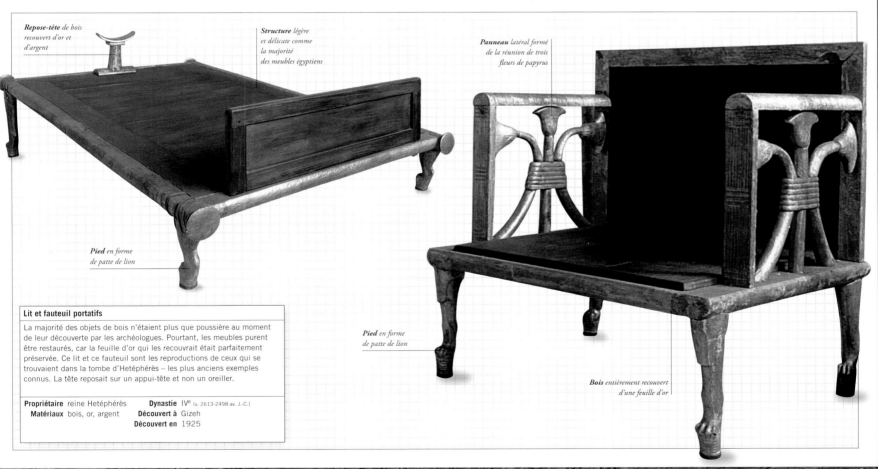

Repose-tête *de bois*
recouvert d'or et
d'argent

Structure *légère*
et délicate comme
la majorité
des meubles égyptiens

Pied *en forme*
de patte de lion

Panneau *latéral formé*
de la réunion de trois
fleurs de papyrus

Pied *en forme*
de patte de lion

Bois *entièrement recouvert*
d'une feuille d'or

Lit et fauteuil portatifs

La majorité des objets de bois n'étaient plus que poussière au moment
de leur découverte par les archéologues. Pourtant, les meubles purent
être restaurés, car la feuille d'or qui les recouvrait était parfaitement
préservée. Ce lit et ce fauteuil sont les reproductions de ceux qui se
trouvaient dans la tombe d'Hetéphérès – les plus anciens exemples
connus. La tête reposait sur un appui-tête et non un oreiller.

Propriétaire	reine Hetéphérès	**Dynastie** IVᵉ (v. 2613-2498 av. J.-C.)
Matériaux	bois, or, argent	**Découvert à** Gizeh
		Découvert en 1925

UN CATALOGUE DES PYRAMIDES

Les rois de l'Égypte ancienne firent bâtir des pyramides de formes et de tailles différentes pendant neuf siècles. Pour comprendre pourquoi la tombe de Chéops est appelée la Grande Pyramide, il faut comparer son plan à ceux des autres pyramides. La pyramide de Chéops non seulement était très grande, mais tout ce qui la concerne fut réalisé de manière grandiose. Ses chambres offraient des records, l'une par sa position en hauteur, l'autre par sa profondeur puisqu'elle était située à 30 m au-dessous du sol.

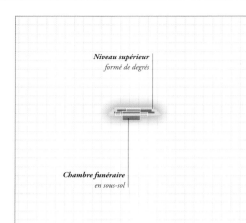

Niveau supérieur
formé de degrés

Chambre funéraire
en sous-sol

Le mastaba à degrés (en ruine)

Précurseur des pyramides, cette structure à degrés fut découverte à l'intérieur d'un mastaba à Saqqarah. Il s'agissait sans doute d'une tombe privée et non d'un monument royal. Faite de briques de boue, la plus grande partie de la structure de surface a disparu.

Pharaon	il s'agissait peut-être de Nebitka, un noble et non un roi
Dynastie	Iʳᵉ
Base	22,70 x 10,60 m
Hauteur	2,30 m
Volume	500 m³

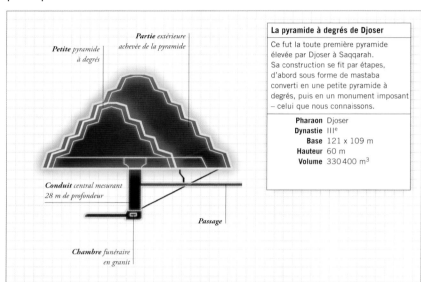

Petite pyramide
à degrés

Partie extérieure
achevée de la pyramide

Conduit central mesurant
28 m de profondeur

Passage

Chambre funéraire
en granit

La pyramide à degrés de Djoser

Ce fut la toute première pyramide élevée par Djoser à Saqqarah. Sa construction se fit par étapes, d'abord sous forme de mastaba converti en une petite pyramide à degrés, puis en un monument imposant – celui que nous connaissons.

Pharaon	Djoser
Dynastie	IIIᵉ
Base	121 x 109 m
Hauteur	60 m
Volume	330 400 m³

Les bâtisseurs de pyramides

Vers 300 av. J.-C., Manéthon, un prêtre égyptien, dressa une liste des pharaons connus en les plaçant au sein de trente et une dynasties. Chacune était composée de souverains de la même famille. Voici l'une des chronologies correspondant à l'ère des bâtisseurs de pyramides.

Iʳᵉ dynastie 3100-2890 av. J.-C.	Huit rois règnent après l'unification
IIᵉ dynastie 2890-2686 av. J.-C.	Entre sept et dix rois
IIIᵉ dynastie 2686-2613 av. J.-C.	Cinq ou six rois dont Djoser
IVᵉ dynastie 2613-2498 av. J.-C.	Six rois dont Snéfrou, Chéops, Rêdjedef et Chéphren
Vᵉ dynastie 2494-2345 av. J.-C.	Huit ou neuf rois dont Ouserkaf et Neouserrê
VIᵉ dynastie 2345-2181 av. J.-C.	De quatre à six rois dont Teti
VIIᵉ/VIIIᵉ dynasties 2181-2125 av. J.-C.	Nombre inconnu de rois dont Ibi
IXᵉ/Xᵉ dynasties 2160-2055 av. J.-C.	Nombre inconnu de rois qui bâtirent peut-être des pyramides
XIᵉ dynastie 2125-1985 av. J.-C.	Six rois mais aucune pyramide
XIIᵉ dynastie 1985-1795 av. J.-C.	Huit rois dont Sésostris Iᵉʳ
XIIIᵉ dynastie 1795-1725 av. J.-C.	Nombre inconnu de rois dont Khendjer

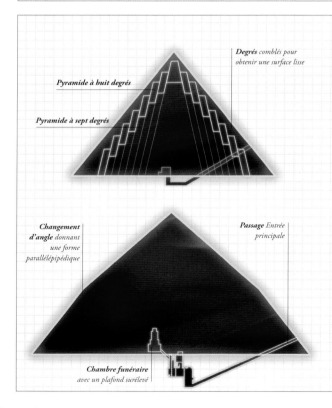

Degrés comblés pour
obtenir une surface lisse

Pyramide à huit degrés

Pyramide à sept degrés

Changement
d'angle donnant
une forme
parallélépipédique

Passage Entrée
principale

Chambre funéraire
avec un plafond surélevé

La première pyramide de Snéfrou

À Meïdoum, Snéfrou commença à faire construire une pyramide à sept degrés, qui en reçut un huitième. Plus tard, les degrés furent comblés pour former une pyramide à pans lisses qui, de nos jours, n'est plus que ruines.

Pharaon	Snéfrou
Dynastie	IVᵉ
Base	144 x 144 m
Hauteur	92 m
Volume	638 733 m³

La pyramide rhomboïdale de Snéfrou

Pour leur deuxième essai, à Dahshour cette fois-ci, les architectes de Snéfrou optèrent pour un degré d'inclinaison trop important qui exerça une pression trop grande sur les fondations, ce degré fut donc réduit à mi-hauteur.

Pharaon	Snéfrou
Dynastie	IVᵉ
Base	188 x 188 m
Hauteur	105 m
Volume	1 237 040 m³

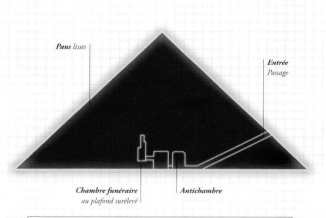

Pans lisses

Entrée
Passage

Chambre funéraire
au plafond surélevé

Antichambre

La pyramide nord de Snéfrou

Connue aussi comme la Pyramide rouge, ce fut la troisième pyramide construite par Snéfrou. Située à Dahshour, ses pans s'inclinaient à un angle moins raide que la pyramide rhomboïdale. Snéfrou aurait sans doute pu avoir une pyramide aux pans plus abrupts, mais il ne voulait pas risquer d'être à nouveau confronté aux problèmes posés par la pyramide rhomboïdale. Comme ses deux premières pyramides, celle-ci possède une chambre funéraire au plafond surélevé.

Pharaon	Snéfrou	**Hauteur**	105 m
Dynastie	IVᵉ	**Volume**	1 694 000 m³
Base	220 x 220 m		

64

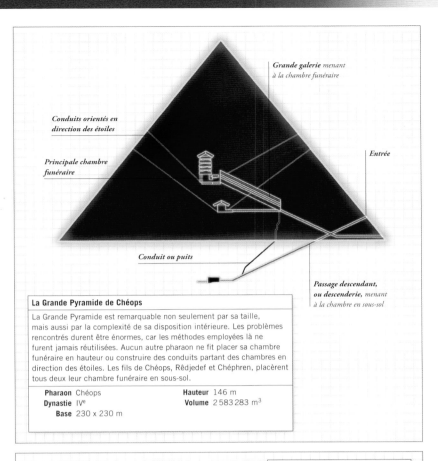

Grande galerie menant à la chambre funéraire

Conduits orientés en direction des étoiles

Principale chambre funéraire

Entrée

Conduit ou puits

Passage descendant, ou descenderie, menant à la chambre en sous-sol

La Grande Pyramide de Chéops

La Grande Pyramide est remarquable non seulement par sa taille, mais aussi par la complexité de sa disposition intérieure. Les problèmes rencontrés durent être énormes, car les méthodes employées là ne furent jamais réutilisées. Aucun autre pharaon ne fit placer sa chambre funéraire en hauteur ou construire des conduits partant des chambres en direction des étoiles. Les fils de Chéops, Rêdjedef et Chéphren, placèrent tous deux leur chambre funéraire en sous-sol.

Pharaon Chéops
Dynastie IVe
Base 230 x 230 m
Hauteur 146 m
Volume 2 583 283 m³

La pyramide d'Ouserkaf

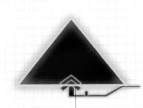

La chambre funéraire d'Ouserkaf, roi fondateur de la Ve dynastie, reçut une couverture d'un type nouveau, formée d'énormes dalles de granit placées en encorbellement. Cette technique protégeait la chambre funéraire de la masse qui se trouvait au-dessus d'elle.

Pharaon Ouserkaf
Dynastie Ve
Base 73,30 x 73,30 m
Hauteur 49 m
Volume 87 906 m³

Poutres angulaires supportant le poids placé au-dessus de la chambre funéraire

Forme originelle avant qu'elle ne tombe en ruine

Surface externe lisse

Structure à degrés

La pyramide de Neouserrê

À Ouserkaf succédèrent quatre pharaons qui firent élever leur pyramide à Abousir. Ils recoururent à des structures à degrés comblés ensuite pour obtenir des pans lisses.

Pharaon Neouserrê
Dynastie Ve
Base 78,90 x 78,90 m
Hauteur 51,70 m
Volume 112 632 m³

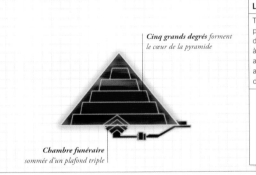

Cinq grands degrés forment le cœur de la pyramide

Chambre funéraire sommée d'un plafond triple

La pyramide de Teti

Teti et les pharaons de la VIe dynastie poursuivirent l'usage d'élever des pyramides dotées de structures à degrés et de chambres funéraires aux plafonds formés de poutres angulaires. La chambre funéraire de Teti possède un plafond triple.

Pharaon Teti
Dynastie VIe
Base 78,75 x 78,75 m
Hauteur 52,50 m
Volume 107 835 m³

Forme originelle avant qu'elle ne tombe en ruine

La pyramide d'Ibi (en ruine)

La seule pyramide de la VIIIe dynastie encore debout fut presque complètement démantelée par des voleurs de pierre. Ce qu'il en reste mesure 3 m de haut, mais elle était sans doute à l'origine sept fois plus haute.

Pharaon Ibi
Dynastie VIIIe
Base 31,50 x 31,50 m
Hauteur sans doute 21 m
Volume sans doute 6 994 m³

Forme originelle avant qu'elle ne tombe en ruine

La pyramide de Sésostris Ier (en ruine)

Les constructions de pyramides connurent un renouveau sous son règne. À Licht, il en fit élever à des échelles inégalées à la Ve dynastie. Sa chambre funéraire fut creusée à une telle profondeur qu'elle ne fut jamais découverte.

Pharaon Sésostris Ier
Dynastie XIIe
Base 105 x 105 m
Hauteur 61,25 m
Volume 225 093 m³

Les pyramides dans le monde

Les pyramides furent les premiers monuments en pierre de la planète. Depuis, de nombreux peuples en ont érigé. Les plus connues, au Mexique et en Amérique centrale, servirent de temples et non de tombes. De nos jours, toutes sortes de matériaux sont utilisés pour élever des pyramides.

Pyramides mésoaméricaines : la plus grande pyramide d'Amérique est Teotihuacán, la pyramide du Soleil, élevée au centre du Mexique entre 150 et 650 apr. J.-C. Sa base est de dimensions similaires à celle de la Grande Pyramide de Chéops, mais s'élève seulement à la moitié de sa hauteur.

Pyramides mayas : les Mayas vécurent en Amérique centrale entre 300 et 900 apr. J.-C. Ils élevèrent des pyramides qui faisaient office de temples, mais souvent aussi des tombes royales, car les souverains défunts étaient vénérés comme des dieux. Les pyramides étaient sommées de petits temples enfermant la sépulture des rois défunts vénérés en ce lieu.

Pyramides aztèques : la civilisation aztèque connut son apogée entre 1400 et 1520. D'impressionnantes pyramides furent construites, temples dédiés à Huitzilopochtli, le dieu de la Guerre, et Tlaloc, le dieu de la Pluie. Les prisonniers capturés étaient sacrifiés en leur honneur au sommet des pyramides.

Pyramide du Louvre : sans doute la plus célèbre pyramide moderne qui se trouve dans la cour du Louvre à Paris. Conçue par l'architecte I.M. Pei en acier et en verre, elle mesure 21,60 m de hauteur et sert d'entrée aux galeries en sous-sol du musée, leur conférant une grande luminosité.

Forme originelle avant son démantèlement

La pyramide de Khendjer (en ruine)

Khendjer fut l'un des derniers pharaons à faire ériger une pyramide. Située à Saqqarah, elle possède un noyau en brique de boue. La brique de boue était plus simple à utiliser, et le revêtement extérieur en calcaire lui donnait le même aspect qu'aux autres pyramides.

Pharaon Khendjer
Dynastie XIIIe
Base 52,50 x 52,50 m
Hauteur 37 m
Volume 44 096 m³

INDEX

Les chiffres en **gras** renvoient
au développement de l'entrée

REMERCIEMENTS

Dorling Kindersley remercie Polly Boyd, Sue Lightfoot et Christine
Heilman.

Crédits photographiques

L'éditeur remercie les personnes suivantes de l'avoir
autorisé à reproduire leurs photographies :
h = haut, b = bas, d = droite, g = gauche, c = centre
2-3, **4-5** Corbis/Carl & Ann Purcell ; **6**h The Art Archive/Musée
Archéologique, Naples/Dagli Orti, bg Mary Evans Picture Library,
bd Ancient Art & Architecture Collection/R. Sheridan ; **7**hg ©
Photo Scala, Florence/Venise, Basilique Saint-Marc, hd Mary
Evans Picture Library, bg akg-images ; **8-9** ESA ; **8**b © Dorling
Kindersley/Geoff Brightling ; **9**h Corbis/Charles & Josette Lenars ;
10-11 Getty Images/Time Life Pictures/Barry Iverson ; **10**h The
Art Archive/Dagli Orti (A), b © Dorling Kindersley/Alistair
Duncan ; **11**b Peter Hayman © The British Museum ; **12**h The Art
Archive/Musée Égyptien, Le Caire/Dagli Orti ; The Art Archive/
Dagli Orti ; **15**h Photo : Rosemarie Klemm ; **16**bg Atlantic Digital,
bd Corbis/Ron Watts ; **17**c Atlantic Digital, b Corbis/Stapleton
Collection ; **18**b Roemer und Pelizaeus Museum, Hildesheim ;
19d www.cultnat.org ; **20**hg, bc The Art Archive/Musée Égyptien,
Turin/Dagli Orti, hd www.cultnat.org, cd Peter Hayman © The
British Museum, bg Petrie Museum of Egyptian Archaeology,
University College Londres, bd Peter Hayman © The British
Museum ; **21**hg, hd akg-images/Erich Lessing, bg, bc Peter Hayman
© The British Museum, bd The Art Archive/Dagli Orti ; **23**h
The Art Archive/Dagli Orti ; **24**g akg-images/Erich Lessing ; **29**h
Getty Images/National Geographic/Kenneth Garrett, b Camera
Press/laif/Stephan Elleringmann ; **35**h Corbis/Gianni Dagli Orti ;
36h The Art Archive/Dagli Orti ; **37**h Atlantic Digital ; **40**h akg-
images/Erich Lessing, b Peter Hayman © The British Museum ; **41**h
akg-images/Nimatallah, bg Peter Hayman © The British Museum,

bd akg-images/Erich Lessing ; **44**bg, bd Peter Hayman © The British
Museum ; **45**bg, bc, bd Peter Hayman © The British Museum ; **46-47**h
Visualisation de Nesperennoub avec l'aimable autorisation de Silicon
Graphics Ltd/The British Museum, b Peter Hayman © The British
Museum ; **47**bd The Art Archive/Musée Égyptien, Turin/Jacqueline
Hyde ; **48-49**h Visualisation de Nesperennoub avec l'aimable
autorisation de Silicon Graphics Ltd/The British Museum, b Peter
Hayman © The British Museum ; **48**b Visualisation de Nesperennoub
avec l'aimable autorisation de Silicon Graphics Ltd/The British
Museum ; **49**b Science Photo Library/Alexander Tsiaras ; **52**h Werner
Forman Archive/Location : 15 ; **53**b akg-images/Erich Lessing ; **54**b
Werner Forman Archive/Musée Égyptien, Le Caire ; **57**h The Art
Archive/Musée du Louvre, Paris/Dagli Orti ; **58**h akg-images/Laurent
Lecat, b Corbis/Underwood & Underwood ; **59**h Getty Images/
National Geographic/Kenneth Garrett, c Corbis/Bettmann, bd © The
British Museum ; **60-61** Powerstock/age fotostock ; **61**h © Dorling
Kindersley/Alistair Duncan ; **62**g Getty Images/Time Life Pictures/
Barry Iverson, hd Corbis/Gianni Dagli Orti, bd The Art Archive/
Musée Égyptien, Le Caire/Dagli Orti ; **63**hg akg-images/Andrea
Jemolo, hd Corbis/Sandro Vannini, b Werner Forman Archive/Musée
Égyptien, Le Caire ; **69**, **70** Corbis/Carl & Ann Purcell. **Couverture :**
Arrière plan : Andrew Kerr, 1er plat d : Getty Image/Stone. Toutes les
autres images : © Dorling Kindersley. Tous les efforts ont été faits pour
retrouver les détenteurs des droits d'auteur. L'éditeur apprécierait recevoir
des renseignements des détenteurs des droits d'auteur non cités.

Un livre Dorling Kindersley
www.dk.com

Édition originale publiée en Grande-Bretagne en 2006
par Dorling Kindersley Limited, sous le titre :
DK Experience : *Pyramid*

Copyright © 2006 Dorling Kindersley Limited, Londres.
Copyright © 2006 Gallimard Jeunesse
Copyright © 2006 ERPI

Responsable éditorial Thomas Dartige
Suivi éditorial Éric Pierrat

Réalisation de l'édition française
ML ÉDITIONS, Paris, sous la direction
de Michel Langrognet
Traduction Marie-Odile Kastner
Couverture Raymond Stoffel et Aubin Leray

5757, RUE CYPIHOT
SAINT-LAURENT (QUÉBEC)
H4S 1R3

www.erpi.com/documentaire

Dépôt légal - Bibliothèque et Archives nationales du Québec, 2006
Dépôt légal - Bibliothèque et Archives Canada, 2006
ISBN 2-7613-2176-6
K 21766

Imprimé en Chine
Édition vendue exclusivement au Canada

TABLE DES MATIÈRES